A QUESTÃO
JEAN-JACQUES ROUSSEAU

FUNDAÇÃO EDITORA DA UNESP

Presidente do Conselho Curador
Mário Sérgio Vasconcelos

Diretor-Presidente
José Castilho Marques Neto

Editor-Executivo
Jézio Hernani Bomfim Gutierre

Assessor Editorial
João Luís Ceccantini

Conselho Editorial Acadêmico
Alberto Tsuyoshi Ikeda
Áureo Busetto
Célia Aparecida Ferreira Tolentino
Eda Maria Góes
Elisabete Maniglia
Elisabeth Criscuolo Urbinati
Ildeberto Muniz de Almeida
Maria de Lourdes Ortiz Gandini Baldan
Nilson Ghirardello
Vicente Pleitez

Editores-Assistentes
Anderson Nobara
Fabiana Mioto
Jorge Pereira Filho

ERNST CASSIRER

A QUESTÃO
JEAN-JACQUES ROUSSEAU

Tradução
Erlon José Paschoal

Tradução dos
textos de Peter Gay
Jézio Gutierre

Revisão da tradução
Isabel Maria Loureiro

Copyright © 1989 publicado através de contrato
com a Yale University Press.
Todos os direitos reservados.

Título original em inglês: *The Question of Jean-Jacques Rousseau*

Copyright © 1997 da tradução brasileira:
Direitos de publicação reservados à:
Fundação Editora da UNESP (FEU)
Praça da Sé, 108
01001-900 - São Paulo - SP
Tel.: (0xx11) 3242-7171
Fax: (0xx11) 3242-7172
www.editoraunesp.com.br
www.livrariaunesp.com.br
feu@editora.unesp.br

Dados Internacionais de Catalogação na Publicação (CIP)
(Câmara Brasileira do Livro, SP, Brasil)

Cassier Ernest, 1874-1945.
  A questão Jean-Jacques Rousseau / Ernst Cassier; tradução Erlon José Paschoal, Jézio Gutierre; revisão da tradução Isabel Maria Loureiro. – São Paulo: Editora UNESP, 1999. – (Biblioteca básica)

  Título original: The question of Jean-Jacques Rousseau.
  ISBN 85-7139-250-1

  1. Rousseau, Jean-Jacques, 1712-1778 I. Título. II. Série.

99-3247   CDU-194

Índice para catálogo sistemático:
1. Filosofia francesa 194

Editora afiliada:

SUMÁRIO

7 Introdução

34 Nota da edição americana sobre o texto de Cassirer

37 A questão Jean-Jacques Rousseau

123 Agradecimentos

125 Posfácio

137 Índice remissivo

INTRODUÇÃO*

> *Il faut étudier la société par les hommes, et les hommes par la société: ceux qui voudront traiter séparément la politique et la morale n'entendront jamais rien à aucune des deux.*
>
> (Jean-Jacques Rousseau, *Emile*)

I

Por quase dois séculos a filosofia de Rousseau tem intrigado seus intérpretes. Dentre os muitos comentadores que tentaram abordá-la, um dos maiores – não obstante ter sido por longo tempo um dos mais negligenciados – foi o próprio Jean-Jacques Rousseau. Nas *Confissões* ele enfatizou que seus escritos, tomados como um todo, revelavam uma filosofia consistente e coerente: "Tudo o que é ousado no *Contrato social* havia aparecido previamente no *Discurso sobre a origem da desigualdade*; tudo que é ousado no *Emílio* havia aparecido previamente em *Júlia*".[1] As discrepâncias que o leitor pudesse encontrar entre eles seriam,

---

* As traduções da Introdução, Nota da edição americana sobre o texto de Cassirer, Agradecimentos e Posfácio são de Jézio Gutierre.
1 *Confessions*, Livro IX (*Oeuvres complètes*. Paris: Hachette, 1871-1877, VIII, p.290-1). Cf. também Livro XII (IX, p.69, 70). [Ed. bras.: *Confissões de Jean-Jacques Rousseau*. São Paulo: José Olympio, 1948].

afirmava, puramente superficiais.² Ele reiterou essa convicção, que lhe deve ter sido de grande importância, ao refletir, ainda uma vez, próximo ao fim da vida, sobre seu trabalho: "um grande princípio", mantinha, era evidente em todos os seus livros.³ Apenas um punhado de intérpretes de Rousseau tomaria essa autoavaliação a sério. Ao contrário, a maioria de seus críticos procurou e afirmou ter encontrado a "essência de Rousseau" num ou noutro de seus trabalhos ou em algum de seus cintilantes epigramas.⁴ Pior, um número de estudiosos de Rousseau inferiu o suposto caráter confuso ou autocontraditório de sua obra a partir do inegável fato de que seus escritos inspiraram movimentos amplamente divergentes, descurando a notória propensão de discípulos a distorcer a filosofia de seu mestre pela seleção daquilo de que necessitam. Muitos pensadores têm sofrido nas mãos de comentadores, mas poucos têm tido de suportar tanto quanto Rousseau. Afirmações conflitantes, enunciadas com igual convicção, têm obscurecido aquela integridade de seu pensamento sobre a qual tão frequentemente insistia.

O ensaio de Ernst Cassirer, "Das Problem Jean-Jacques Rousseau", aceita a asseveração de Rousseau e procura revelar o significado de seu pensamento a partir da intelecção de sua obra como um todo. A magnitude do feito de Cassirer pode ser mais bem discernida se examinarmos, brevemente, as interpretações da obra rousseauísta as quais seu ensaio tinha por meta refutar.

---

2   Ibidem, Livro IX (VIII, p.277n), onde ele atribui "o tom duro e a atmosfera sombria" do *Discours sur l'inégalité* à influência de Diderot. [Ed. bras.: *Discurso sobre a origem e os fundamentos da desigualdade entre os homens*. Brasília: UnB, 1985.]
3   *Rousseau juge de Jean-Jacques*, Terceiro Diálogo (Hachette, IX, p.287).
4   Gustave Lanson, ele próprio um proeminente intérprete de Rousseau, sugeriu alguns sensatos cânones de interpretação: "Ponderar seriamente o significado e teor dos textos, e levar em consideração mais o espírito do que a letra ... Não substituir pelo pensamento [do autor] as consequências que dele têm sido deduzidas ... Atribuir a suas ideias a relevância cabível". "L'Unité de la pensée de Jean-Jacques Rousseau", *Annales de la Société Jean-Jacques Rousseau*, VIII, p.6, 1912.

II

A influência das doutrinas de Rousseau tem sido imensa – elas deixaram sua marca nos espíritos e movimentos mais diversos. Burke execrou Rousseau como a encarnação mesma da Era da Razão. De Maistre e Bonald o condenaram como advogado de um individualismo irresponsável e filósofo da desordem ruinosa. Críticos posteriores, como *sir* Henry Maine, o atacaram por preconizar um "déspota coletivo" e por reintroduzir, no *Contrato social*, "o velho direito divino dos reis sob nova roupagem".[5]

Os discípulos de Rousseau contraditaram um ao outro tão vigorosamente quanto seus oponentes o fizeram. Os jacobinos estabeleceram o Reino do Terror em seu nome; os românticos alemães o saudaram como libertador; Schiller o descreveu como mártir da sabedoria:

> *Sokrates ging unter durch Sophisten,*
> *Rousseau leidet, Rousseau fällt durch Christen,*
> *Rousseau – der aus Christen Menschen wirbt.*[6]

Edmund Burke, um dos mais formidáveis antagonistas de Rousseau no século XVIII, estava certamente correto ao dizer: "Acredito que, estivesse Rousseau vivo, e num de seus intervalos de lucidez, ter-se-ia chocado com o efetivo frenesi de seus estudiosos...".[7]

O conflito de interpretações de modo algum esmoreceu após ter Rousseau deixado de ser um símbolo na luta política. Muito depois da fumaça da revolução e reação haver se dissipado, ele foi

---
5 *Popular Government*. New York: Holt, 1886, p.157, 160.
6 Schiller, "Rousseau":
   Como, pelos sofistas, foi Sócrates desgraçado,
   Assim os cristãos torturaram e arruinaram Rousseau
   – Rousseau, que conclamava os cristãos a serem homens.
   Para uma discussão mais detalhada da influência de Rousseau, consulte-se Alfred Cobban, *Rousseau and the Modern State*. London: Allen and Unwin, 1934, cap.ii.
7 Reflections on the Revolution in France, in: *Orations and Essays*. New York: Appleton, 1900, p.529. [Ed. bras.: *Reflexões sobre a revolução em França*. Brasília: UnB, 1982.]

ainda louvado e condenado pelas mais variadas razões. O ensaio de Cassirer mostra que essas discordâncias não se confinavam à filosofia política de Rousseau. Ele foi alternadamente chamado de racionalista e irracionalista; sua economia, descrita como socialista ou como fundada na santidade da propriedade privada; sua religião, tomada como deísta, católica ou protestante; seus ensinamentos morais foram ora tachados de puritanos, ora de excessivamente emocionais e permissivos.

Todavia, dado que a maior parte de seus comentadores viram Rousseau como um teorizador da política, ou julgaram seu pensamento à luz de sua filosofia política, categorias políticas revelar-se-ão extremamente úteis na análise da literatura pertinente. Rousseau, como já foi dito, é um individualista; um coletivista; um escritor cujas doutrinas são profundamente autocontraditórias; um homem que, no meio de sua carreira, deslocou-se do individualismo para o coletivismo.

Nas primeiras décadas subsequentes à morte de Rousseau, tanto os contrarrevolucionários, como De Maistre (para quem ele era a encarnação da impiedade política), como os radicais, tais como os representantes do *Sturm und Drang* (que o aclamavam como o profeta da vindoura época da liberdade), viam-no como o paradigma do individualismo. Hölderlin, que o chamou de semideus, traduziu em extravagante verso o presumido repto de Rousseau aos grilhões da lei.[8]

Essa concepção de um Rousseau individualista surgiu antes de que o ponto de vista oposto se tornasse popular, e nunca saiu totalmente de moda.[9] Alguns notáveis comentadores franceses a

---

8 Consulte-se especialmente, de Hölderlin, *Hymne an die Freiheit*, *Hymne an die Menschheit*, e *Der Rhein*. No último dos poemas nomeados, a mensagem de Rousseau para o homem é uma revelação que o semideus transmite à humanidade e que Hölderlin, caracteristicamente, considera *gesetzlos* – sem lei.
9 Cf. Cobban, *Rousseau and the Modern State*, p.33-43. Quando publicou sua celebrada edição dos *Political Writings of Jean-Jacques Rousseau* (Cambridge: Cambridge University Press, 1915, 2v.), C. E. Vaughan disse na Introdução (p.l): "A obra de Rousseau é pouco conhecida neste país e ainda menos entendida. O título do *Contrato social* é familiar. Mas para a maioria das pessoas ele sugere uma forma extrema de individualismo".

defenderam com perícia. Assim, Emile Faguet argumentou que "tudo de Rousseau pode ser encontrado no *Discurso sobre a origem da desigualdade*. Este é um lugar-comum ... mas acredito que seja verdadeiro".¹⁰ E este "romance da humanidade", como Faguet o chama, tem um tema central: o homem é bom e a sociedade o corrompe. Faguet se sentiu forçado a admitir que o *Contrato social* é "antiliberal" e que o pensamento político de Rousseau "não contém nem mesmo um átomo de liberdade ou segurança".¹¹ Contudo, fornece uma explicação plausível para sua dificuldade: o *Contrato social* "parece parte isolada da obra de Rousseau" e "contradita suas ideias gerais".¹² A teoria política de Rousseau não é mais que uma aberração. Entretanto, a concepção individualista do *Discurso sobre a origem da desigualdade*, a "ideia antissocial",¹³ é fundamental – percorre praticamente todos os seus escritos e aparece de maneira particularmente relevante no *Emílio*.¹⁴

Um quarto de século mais tarde, Henri Sée chegou à conclusão semelhante a partir de diferente percurso lógico. "O *Discurso sobre a origem da desigualdade*, escreveu ele em total acordo com Faguet, "é inspirado por uma concepção individualista, na verdade, quase anarquista. No entanto" – e deste ponto em diante ele se afasta de Faguet –, "no *Contrato social* Rousseau permanece um individualista, não obstante a aparência em contrário."¹⁵ A teoria política de Rousseau circula em torno da tentativa de "assegurar ao indivíduo o completo desenvolvimento de sua liberdade",¹⁶ e, conclui Sée, "Rousseau nos surge ... como um individualista e um liberal. Não é verdade que pretenda prover o Estado de uma autoridade absoluta e agressiva".¹⁷

---

10 *Dix-huitième siècle*, 43.ed. Paris: Société Française d'Imprimerie et de Librairie, s. d., p.345.
11 Ibidem, p.401, 403.
12 Ibidem, p.400.
13 Ibidem, p.399.
14 Ibidem, p.360-77, 400.
15 *L'évolution de la pensée politique en France au XVIIIᵉ siècle·* Paris: Marcel Giard, 1925, p.146.
16 Ibidem.
17 Ibidem, p.161.

Provavelmente, a mais significativa fonte para a tese oposta, de que Rousseau seria um coletivista, é o *Ancien Régime*, de Taine. Taine acreditava que a Revolução Francesa – na qual "a força bruta se colocou à disposição do dogma radical, e ... o dogma radical se colocou à disposição da força bruta"[18] – tinha sido, em larga medida, obra de intelectuais cujo conhecimento do mundo dos homens era superficial. Consequentemente, esses intelectuais haviam se permitido, sem restrições, o exercício da teorização abstrata que, afinal, viria a infectar as mentes francesas com o mal das ideias revolucionárias.[19] Vendo Rousseau como o protótipo desses perniciosos filósofos, Taine enseja nova direção à crítica rousseauniana. A teoria política de Rousseau, afirmou, havia sido engendrada como assalto supremo à lei e ao Estado e resultou, paradoxalmente, mas como não poderia deixar de acontecer, em tirania: "A doutrina da soberania popular, interpretada pelas massas, acarretará perfeita anarquia até o momento em que, interpretada pelos dirigentes, produzirá perfeito despotismo".[20] O Estado de Rousseau, como o expõe num epigrama ao qual Cassirer se refere, é um "monastério do laico", e "neste monastério democrático erigido por Rousseau com base no modelo de Esparta e Roma, o indivíduo é nada, e o Estado, tudo".[21]

Essa e outras visões similares se tornaram hoje predominantes na literatura.[22] Podemos discernir seus ecos na descrição que faz Karl Popper do pensamento de Rousseau como "coletivismo

---

18 *Les origines de la France contemporaine*. Paris: Hachette, 1896, v.I: L'Ancien Régime, p.521. Este volume foi editado pela primeira vez em 1876.
19 Para uma crítica breve e percuciente de Taine, veja-se Edmund Wilson, *To the Finland Station*. New York: Doubleday, 1953, p.44-54 [Ed. bras.: *Rumo à estação Finlândia*: escritores e atores da história. São Paulo: Cia. das Letras, 1986], e Henri Peyre, The Influence of Eighteenth Century Ideas on the French Revolution, in: *The Making of Modern Europe*, editado por Herman Ausubel. New York: Dryden, 1951, v.I, p.470-2. A crítica de Taine a Rousseau pode ser remontada a De Maistre e Bonald.
20 Taine, *L'Ancien Régime*, p.319.
21 Ibidem, p.323, 321.
22 Cobban afirma que "praticamente toda crítica literária moderna de Rousseau" é derivada de Taine (*Rousseau and the Modern State*, p.40).

romântico"[23] e na de *sir* Ernest Barker: "De fato, em última instância, Rousseau é um totalitário ... Imagine-se Rousseau como perfeito democrata: sua perfeita democracia é ainda múltipla autocracia".[24] Muitos, ainda que certamente não todos, dos leitores contemporâneos de Rousseau, levando em conta a supremacia da vontade comum, a obrigatoriedade da liberdade dos homens, a religião civil, e olvidando o restante de seus escritos, concordarão com Taine e Barker. Efetivamente, é moda ver-se em Rousseau um totalitário – um "totalitário democrático" talvez, mas, ainda assim, um totalitário.

III

Essas duas interpretações irreconciliáveis do pensamento de Rousseau foram suplementadas por outras duas leituras: tem sido dito que suas doutrinas são confusas e desarticuladas pelas contradições internas, ou que se deslocaram de um extremo a outro à medida que foram desenvolvidas e elaboradas. Faguet resgata sua interpretação de um Rousseau individualista pela supressão daquilo que admitiu serem implicações coletivistas do *Contrato social*. Barker, que, após alguma hesitação, classifica Rousseau entre os coletivistas, declara ser incapaz de encontrar um centro real em seu pensamento: "Pertença você à esquerda (e, especialmente, à esquerda da esquerda) ou à direita (e, especialmente, à direita da direita), poderá encontrar seus próprios dogmas em Rousseau".[25]

Muito anteriormente, John Morley havia exprimido a mesma conclusão de maneira ainda mais enfática. Ele acusou Rousseau de haver negligenciado as únicas fontes de fundamentação – história e experiência – sobre que uma teoria social aceitável poderia ser baseada. Ele desprezava aquilo que chamou de "humor estreito, si-

---

23 K. R. Popper, *The Open Society and its Enemies*. London: Routledge, 1945, v.II, p.50. [Ed. bras: *A sociedade aberta e seus inimigos*. São Paulo: Edusp; Belo Horizonte: Itatiaia, 1986].
24 Introdução a *The Social Contract*. New York: Oxford University Press, 1948, p.xxxviii.
25 Ibidem, p.xxxix.

métrico, impaciente" de Rousseau e a "desesperada absurdidade das teses do *Contrato social*".[26] Acompanhando Burke, descreveu Rousseau como o "típico escolástico" que "acredita ser a análise dos termos a maneira correta de se adquirir novo conhecimento das coisas" e que "confunde a multiplicação das proposições com a descoberta de verdades originais".[27] "Muitas páginas do *Contrato social* – arremata Morley – "são meras deduções de definições verbais que mesmo a mais superficial confrontação com os fatos teria demonstrado serem não apenas sem valor, mas totalmente sem sentido..."[28]

Essa concepção de um Rousseau "confuso" ganhou também ampla popularidade, embora os críticos que a subscrevem sejam incapazes de se decidir sobre se a doutrina rousseauniana é sem importância dada a lógica dedutiva e abstrata da qual é derivada ou se, como Irving Babitt argumentaria, Rousseau teria se perdido pela falta de método e emocionalismo romântico.

Essa atitude em relação ao pensamento rousseauniano é parcialmente redimida pelo trabalho de C. E. Vaughan, um erudito a quem devem muito todos aqueles que garimpam a rica mina da teoria política de Rousseau. Em 1915, após muitos anos coletando e organizando todos os manuscritos disponíveis, Vaughan publicou os textos definitivos dos escritos políticos rousseaunianos e os prefaciou com uma introdução substancial. Sua sólida obra em dois volumes tem sido muito e merecidamente influente. Da mesma forma que Cassirer em momento posterior, Vaughan entende o pensamento de Rousseau não como dogma a ser exposto, mas como um problema demandando solução: "Elimine-se o *Discurso sobre a origem da desigualdade* pelo confronto com as primeiras poucas páginas do *Contrato social* e o 'individualismo' de Rousseau revelar-se-á como nada mais do que um mito".[29] Enquanto o *Discurso sobre a origem da desigualdade* "sugeria ... se não proclamava, forma de individualismo mais extrema do que qualquer autor precedente

---

26 Morley, *Rousseau*. London: Chapman and Hall, 1873, v.II, p.126, 134.
27 Ibidem, v.II, p.135. Morley não admite nem mesmo que Rousseau tenha utilizado o método escolástico competentemente: "Rousseau tendia sempre a pensar de maneira descuidada". Ibidem, v.I, p.192.
28 Ibidem, v.II, p.135.
29 *The Political Writings of Jean-Jacques Rousseau*, v.I, p.2.

ousou propor",³⁰ o texto que introduz o *Contrato social* "forma o pórtico para o mais absoluto coletivismo já concebido pela mente humana".³¹ E não é fácil reconciliar essas duas linhas que persistem, lado a lado, no pensamento político de Rousseau: "Ao final, os dois elementos rivais, o indivíduo e a comunidade, permanecem não propriamente reconciliados, mas numa mal disfarçada hostilidade um para com o outro".³²

Vaughan acredita que a principal tarefa da interpretação de Rousseau é a de explicar ou resolver esse conflito para o qual ele próprio oferece três explanações distintas. Primeiramente, afirma ele que os Discursos iniciais foram de caráter basicamente ético, apontando os vícios correntes por meio de asserções extremas.³³ Essa é uma sugestão presciente que antecipa as tentativas de críticos como Cassirer e Charles W. Hendel de superar as supostas contradições do pensamento rousseauniano através da caracterização de Rousseau como fundamentalmente um moralista. Em segundo lugar, Vaughan chama a atenção para o conflito entre o abstrato e o concreto em Rousseau. O primeiro, derivado em larga medida de Locke e Platão, o remete a enunciados extremos e categóricos; o último, herdado de Montesquieu, o leva à convicção de que a vida não é jamais bem definida e que os princípios são modificados pelas circunstâncias. Vaughan distingue uma crescente preocupação com a concretude na obra de Rousseau, uma preocupação que adquire relevância nos capítulos finais do *Contrato social* e torna-se amplamente dominante em seus últimos escritos políticos, particularmente nas *Lettres écrites de la montagne* [*Cartas escritas da montanha*] e em *Considerações sobre o governo da Polônia*.³⁴

---

30 Ibidem, p.119.
31 Ibidem, p.39.
32 Ibidem, p.5.
33 Ibidem, p.7, 14.
34 Ibidem, p.77-8. Essa explicação não é satisfatória. É verdade que Rousseau não distingue claramente entre princípios universais abstratos e enunciados concretos, e isso ajuda a entender sua tendência a eliminar, por meio de qualificação, aquilo que estabelece por generalização indiscriminada. Mas essa tendência pode ser encontrada ao longo de toda a sua obra e não é suficientemente significativa para dar conta do suposto conflito. [Ed. bras.: *Considerações sobre o governo da Polônia e sua reforma projetada*. São Paulo: Brasiliense, 1982.]

A terceira explicação de Vaughan, contudo, é bem mais importante: os labores intelectuais de Rousseau devem ser entendidos como uma jornada de crescimento do individualismo para o coletivismo.

A obra política de Rousseau, quando considerada em seu todo, apresenta um movimento contínuo de uma posição até praticamente o seu oposto. Ele principia como o profeta da liberdade, no sentido mais abstrato concebível. Seu ideal, no segundo Discurso, é um estado de coisas no qual cada indivíduo é absolutamente independente dos demais ... A não ser por aquelas sentenças iniciais, o *Contrato social* representa uma ideia muito diferente – e certamente tão menos abstrata quanto menos individualista. A liberdade, nesse ponto, não é mais concebida como independente do indivíduo. Ao contrário, deve ser identificada por sua total sujeição ao serviço do Estado ... Embora silenciosa, a mudança de tom e índole é completa ... O individualismo abstrato do segundo Discurso, o coletivismo abstrato do *Contrato social*, são identicamente esquecidos [nas últimas obras políticas] ... A longa jornada está, afinal, terminada. E Rousseau se encontra agora no ponto oposto àquele de que partiu.[35]

Os inegáveis méritos da edição de Vaughan não devem nos ocultar suas deficiências. Os defeitos mesmos que ele afirma ter encontrado em Rousseau – as tendências ao exagero e à vacilação – curiosamente estão presentes em sua própria obra, e a unidade do pensamento rousseauniano é vislumbrada somente em alguns fugidios instantes.[36] Além disso, ao confinar sua edição aos escritos

---

35 Ibidem, p.80-1. Essa interpretação, embora mantenha alguma semelhança superficial com a de Taine – "da liberdade absoluta ao despotismo absoluto" –, deve ser distinguida desta. Vaughan encara a mutação de Rousseau como um processo temporal, Taine a vê como um desenvolvimento lógico inerente às doutrinas de Rousseau. De fato, ainda que Vaughan chame Rousseau de "o mais poderoso algoz" do individualismo (Ibidem, I, p.1), está longe de retratá-lo como um proponente do despotismo.

36 Vaughan, por exemplo, escreve: "Se Rousseau exalta o Estado, e o exalta indevidamente, a expensas do indivíduo, não se deve perder de vista a natureza do Estado que ele tem em mente" (Ibidem, I, p.112). Mais tarde, E. H. Wright e Cassirer propõem que uma importante pista para a identificação da

políticos de Rousseau, Vaughan enfatiza uma faceta do pensamento rousseauísta a expensas do restante e torna impossível o entendimento do significado de Rousseau. Rousseau, evidentemente, era um teórico político, e um grande teórico político. Porém, isso torna ainda mais pertinente que se promova um estudo cuidadoso do *Emílio*, da *Nova Heloísa* e das *Confissões* – livros que iluminam e propiciam o balanceamento adequado da filosofia política de Rousseau. A edição de Vaughan inintencionalmente demonstra que o crítico interessado na interpretação de Rousseau deve transcender as categorias políticas e considerar sua obra como um todo.

IV

A responsabilidade pela multiplicidade de opiniões na literatura referente a Rousseau não pode ser atribuída apenas a seus intérpretes. Se Cassirer está certo em acreditar que Rousseau não era, de fato, nem confuso nem inconsistente, podemos concluir que Rousseau, assim como Nietzsche, depois dele, ensejava interpretações erradas. Por quê?

Em 1766, David Hume escreveu sobre Rousseau: "Na verdade, seus Escritos são tão eivados de Extravagâncias que não posso acreditar que sua Eloquência isoladamente possa sustentá-los".[37] Mas foi a eloquência de Rousseau, e não sua extravagância, que criou dificuldades para os comentadores. Rousseau era, desafortunadamente, cunhador de frases felizes. Lidas em seu contexto, elas eram normalmente elucidadas pelos argumentos sobre os

---

unidade do pensamento de Rousseau seria encontrada no significado específico que dava à palavra "natural". Eles argumentam que se Rousseau realmente exaltava o Estado, ele assim o fazia unicamente por entendê-lo como um tipo muito especial de Estado – um Estado ainda não existente – que não abusaria de sua soberania. Vaughan nunca desenvolveu essa ideia para algo mais que breve sugestão.

37 J. Y. T. Greig (Ed.), *The Letters of David Hume*. Oxford: Clarendon Press, 1932, II, p.103.

quais repousavam. Tiradas do contexto, seu poder retórico obscurecia o fato de serem apenas pronunciamentos incompletos. Usadas como *slogans*, elas distorciam ou destruíam o sentido que Rousseau lhes queria dar.

Três exemplos tirados dos escritos de Rousseau dar-nos-ão o perfil completo daquilo que Henri Peyre, seguindo Alfred Fouillée, chamou *idée-force*.[38] "*L'homme qui médite est un animal dépravé*"[39] tem sido persistentemente citada como prova de que Rousseau desprezava o pensamento e a racionalidade. "*L'homme est né libre, et partout il est dans les fers*"[40] tem sido incorretamente interpretada como a primeira sentença de um hino de louvor ao individualismo extremo; não admira que aqueles leitores do *Contrato social* que interpretaram este enunciado literalmente tenham ficado desapontados com o resto do tratado. "*Commençons donc par écarter tous les faits, car ils ne touchent point à la question*"[41] tem sido apresentada como demonstração conclusiva da falta de interesse de Rousseau pela evidência empírica e de sua preferência por proposições abstratas que se refletiam na indiferença pela ou mesmo desafio à verdade.

Uma leitura atenta e benigna da totalidade de sua obra removeria os obstáculos introduzidos por essas sentenças, mas Rousseau raramente encontrou leitores que a fizessem. Disse certa vez Samuel Johnson sobre epitáfios: "Em inscrições tumulares, o homem não está sob juramento"; leitores de Rousseau deveriam ter em mente cautela similar. O próprio Rousseau reconheceu que seu estilo intensamente pessoal poderia oferecer dificuldades a seus leitores, e aquilo que escreveu a Madame d'Epinay sobre seu uso da

---

38 The Influence of Eighteenth Century Ideas on the French Revolution, in: *The Making of Modern Europe*, v.I, p.484.
39 *Discours sur l'inégalité*, Primeira Parte (op. cit., I, p.87) ["O homem que medita é um animal depravado"].
40 *Contrato social*, sentença de abertura do cap.i ["O homem nasce livre, e por toda a parte encontra-se a ferros"]. [Ed. bras.: *Contrato social*. São Paulo: Martins Fontes; Lisboa: Presença, 1977].
41 *Discours sur l'inégalité*, Primeira Parte (op. cit., I, p.83) ["Comecemos, então, por afastar todos os fatos, pois que não levam à questão"].

linguagem epistolar pode ser aplicado com igual pertinência aos escritos que tencionava publicar: "Aprende melhor meu vocabulário, cara amiga, caso queiras que nos entendamos um ao outro. Acredita-me, minhas expressões raramente têm o sentido usual; é invariavelmente meu coração que conversa com o teu, e talvez algum dia perceberás que ele não fala como outros o fazem".[42]

Não foi apenas o estilo de Rousseau que desencaminhou muitos de seus intérpretes. Outra fonte de concepções errôneas foi a fascinação que sua vida exerceu sobre suas imaginações e faculdades críticas. "O autotorturante sofista, selvagem Rousseau", o denominou Byron,

> O apóstolo da aflição, aquele que aspergiu
> Encanto sobre a paixão, e do sofrimento
> Extraiu inebriante eloquência ...[43]

Muitos dos comentadores da obra de Rousseau se renderam à tentação de restringir a filosofia do "apóstolo da aflição" ao mero escrutínio de suas experiências – ou antes, a uma reflexão sobre as tortuosas interpretações que fez dessas experiências. Cassirer tinha esse tipo de crítica em mente quando escreveu: "Existem conhecidos escritos na literatura sobre Rousseau que, em lugar da obra, praticamente se cingiram ao homem, e que o descrevem apenas em suas dissensões e divisões, em suas contradições internas. A história das ideias ameaça aqui se diluir em biografia, e esta, por seu turno, surge enquanto história de um caso".[44]

Na verdade, a explicação genética, a abordagem biográfica, permitirá a intelecção das motivações de um autor e auxiliará a investigação da origem pessoal e social de suas doutrinas. Ela ajudará a explicar por que um autor escreve um certo livro, e por que mantém

---

42 Março de 1756. Théophile Dufour (Ed.), *Correspondance générale de J.-J. Rousseau*. Paris: Colin, 1924-1934, II, p.266. Cf. adiante, p.120-1.
43 *Childe Harold's Pilgrimage*, Canto Terceiro, *Stanza* LXXVII.
44 *Rousseau, Kant, Goethe*. Princeton: Princeton University Press, 1947, p.58. Em nota a essa passagem, Cassirer cita Irving Babbitt como um dos transgressores.

certas crenças – mas o valor objetivo de suas doutrinas é independente da história pessoal de seu criador. O fato de que Rousseau confesse ter abandonado seus cinco filhos naturais num lar para crianças abandonadas não afeta os méritos do plano educacional presente no *Emílio*. Suas querelas paranoides com os Enciclopedistas podem iluminar seus motivos para publicar o *Contrato social*, mas não invalidam (ou fortalecem) a lógica de sua teoria política. Esses cânones de interpretação têm sido descurados por muitos dos críticos de Rousseau. F. J. C. Hearnshaw, por exemplo, escreve: "Tão intimamente ... foram os escritos de Rousseau associados à sua vida que seria impossível compreendê-los sem o conhecimento detalhado de sua curiosa e notável trajetória".[45] Estribando-se nessa afirmação, divide a vida de Rousseau em cinco períodos: o do menino indisciplinado, o do andarilho sem limites, o do imperfeito homem do mundo, o do inspirado maníaco, o do fugitivo caçado.[46] Hearnshaw, furtando-se assim à necessidade de seriamente embater-se com o significado de Rousseau, é capaz de resumir um dos maiores de todos os teóricos políticos com essas palavras: "Era ele um pensador assistemático, não afeito à lógica formal; leitor onívoro que subdesenvolveu poderes de assimilação; um entusiasta emocional que falava sem o devido cuidado; escritor irresponsável com um dom fatal para o epigrama".[47]

Essa linha geral de interpretação foi obedecida ao extremo por Irving Babbitt. Seu *Rousseau and Romanticism*, pontuado por irritadas críticas a Rousseau, evidencia, a um nível que chega ao caricatural, as fragilidades claudicantes da ênfase na biografia. Babbitt rebate com essas palavras a aguda crítica rousseauniana à sociedade do século XVIII: "O desprezo de Rousseau contra a Paris do século XVIII era em larga medida pelo fato de não haver adquirido no momento apropriado de sua juventude os hábitos que lhe teriam permitido aceitar as suas convenções". Ele destrói a solução rousseauniana do problema da teodiceia afirmando: "A fé no

---

45 F. J. C. Hearnshaw (Ed.), Rousseau, in: *The Social and Political Ideas of some Great French Thinkers of the Age of Reason*. London: Harrap, 1930, p.172.
46 Ibidem, p.173, 175, 176, 178, 183. Consulte-se também o exasperado perfil de personalidade em Taine, L'Ancien Régime, p.289.
47 Hearnshaw, Rousseau, p.185-6.

bem natural de alguém é um encorajamento constante para que se exima da responsabilidade moral". Ele derrisoriamente contrasta as afirmações de Rousseau sobre o amor, que lhe lembram "o culto de um cavaleiro medieval à sua donzela", com sua prática: "às favas com o ideal; o real era Thérèse Levasseur".[48] É óbvio que um crítico que faz tamanho mau uso do método biográfico provavelmente fracassará na interpretação de um pensador cuja trajetória de vida despreza. Babbitt, com assombrosa consistência, logra deturpar as doutrinas rousseauístas: "Rousseau ... encara todo limite, seja interno ou externo, como incompatível com a liberdade". "Seu projeto se reduz na prática à indulgência em relação ao infinito e indeterminado desejo." "Pode-se aprender de Rousseau a arte de submergir à região do instinto que subjaz ao nível racional em vez de se alçar até a região do autoconhecimento [insight], que paira acima deste."[49]

V

Por volta da virada deste século, um pequeno grupo de estudiosos começou a se debruçar sobre a obra de Rousseau em sua integralidade e dela extrair a unidade básica de seu pensamento. Esses críticos não haviam perdido o interesse pela questão do individualismo ou coletivismo rousseauniano, mas tais categorias políticas não ocupavam mais o centro de suas atenções. Ao contrário, procuraram expandir seu horizonte interpretativo; não negaram o caráter paradoxal de muitas das afirmações de Rousseau, mas concordaram com ele sobre o fato de que tais paradoxos não comprometiam sua consistência fundamental. As mais notáveis contribuições a essa procura do "grande princípio único" foram elaboradas por Gustave Lanson, E. H. Wright e, em 1932, por Ernst Cassirer.[50]

---

48 *Rousseau and Romanticism*. Boston: Houghton, Mifflin, 1919, p.174, 155, 221, 220.
49 Ibidem, p.377-8, 79, 154.
50 Cassirer menciona outros autores que defenderam a unidade do pensamento de Rousseau. Cf. adiante, p.54. Devemos acrescentar a eles Harald Höffding, *Rousseau und seine Philosophie*. Stuttgart: Frommann, 1897; e a Introdução de G. D. H. Cole a *The Social Contract and Discourses*. London: Dent, 1913.

Lanson, autor de uma celebrada história da literatura francesa, descreve Rousseau como um individualista.[51] Contudo, em amplo acordo com E. H. Wright, não vê nisso a chave para a unidade do pensamento rousseauniano. O incisivo comentário de Wright sobre o *Contrato social*, segundo o qual "o livro não se dirige nem ao individualista, nem ao absolutista",[52] poderia servir de lema tanto para a avaliação da obra integral de Rousseau empreendida por Wright como para a encetada por Lanson. O que é central para a perspectiva de Lanson é o enunciado do próprio Rousseau de seu "grande princípio", proferido na primeira sentença do *Emílio*, sugerido ao longo de toda sua obra e novamente expresso em *Rousseau juge de Jean-Jacques*: "*Que la nature a fait l'homme heureux et bon, mais que la société le déprave et le rend misérable*".[53] Este princípio, sustenta Lanson, é a chave para a filosofia de Rousseau: o pecado essencial da sociedade, diz-nos o *Discurso sobre a origem da desigualdade*, é uma desigualdade que não é definida pela natureza – a desigualdade criada pela opulência e pela pobreza.[54] O *Contrato social* exemplifica esse princípio em conjunção com outro sempre reafirmado por Rousseau: "*La nature humaine ne rétrograde pas*".[55] O homem natural não pode escapar à sociedade, mas pode recriá-la para assim recriar-se. O programa educacional do *Emílio* segue-se logicamente: salienta "o crescimento do homem natural ... com todas as vantagens e sem qualquer dos vícios do homem civilizado".[56] A *Nova Heloísa* fornece mais detalhes sobre o mesmo tema: estabelece os valores éticos de relações pessoais sem os quais nem o indivíduo nem a sociedade podem se tornar verdadeiramente bons. Finalmente, o

---

51 G. Lanson, *Histoire de la littérature française*. 8.ed. Paris: Hachette, 1903, p.775.
52 E. H. Wright, *The Meaning of Rousseau*. London: Oxford University Press, 1929, p.103.
53 Troisième Dialogue, op. cit., IX, p.287. Cf. Lanson, *Histoire de la littérature française*, p.769. Cf. adiante p.54 ["A natureza fez o homem feliz e bom, mas a sociedade o deprava e o torna miserável"].
54 G. Lanson, *Histoire de la littérature française*, p.771.
55 *Rousseau juge de Jean-Jacques*, Terceiro Diálogo, op. cit., IX, p.287. Cf. Lanson, *Histoire de la littérature française*, p.769 ["A natureza humana não retrocede"].
56 Ibidem, p.773.

sistema rousseauniano inclui Deus em seu esquema na "Profissão de fé do vigário de Saboia": a Deidade criou o homem bom e implantou nele a energia moral para a superação dos males de uma sociedade que não foi construída sobre princípios naturais. Dessa forma, argumenta Lanson, todos os elementos do sistema de Rousseau se ajustam, um suplementando o outro, e expressam a doutrina central da qual deriva todo o poder da perspectiva rousseauniana – a crença em que o homem, por natureza bom, pode transformar-se em bom cidadão na boa sociedade.[57]

Em um notável artigo sobre a unidade do pensamento de Rousseau, publicado, em 1912, ao ensejo do bicentenário de seu nascimento, Lanson reafirmou sua posição: podemos efetivamente, no detalhe, encontrar contradições na obra de Rousseau e podemos, se assim o desejarmos, chamar a atenção para o fosso entre a doutrina e a vida, mas a direção geral de seu pensamento é constante e clara. O problema de Rousseau, à luz do qual todos os seus escritos podem ser considerados, é assim enunciado: "Como pode o homem civilizado recuperar os benefícios do homem natural, assim inocente e feliz, sem retornar ao estado de natureza, sem renunciar às vantagens do estado social?".[58] Os Discursos iniciais são, assim, protestos contra todas as sociedades até então existentes, cujos males eles expõem; o *Emílio* e a *Nova Heloísa* apontam o caminho para a reforma do indivíduo nas esferas da moralidade pessoal, das relações familiares e da educação; os escritos políticos posteriores sublinham o tipo de sociedade na qual o homem bom pode viver apropriadamente. Cassirer concorda plenamente com o método de Lanson, com suas censuras a intérpretes que "reduzem cada trabalho de Rousseau a uma fórmula simples e absoluta", e com sua caracterização do sistema rousseauniano enquanto "pensamento vivo que se desenvolveu nas condições de sua vida, exposto a todas as vicissitudes e tumultos da atmosfera".[59]

O ensaio de Cassirer teve outro brilhante predecessor, *The Meaning of Rousseau*, por E. H. Wright, que se preocupou em es-

---

57 Cf. ibidem, p.774-5.
58 L'Unité de la pensée de Jean-Jacques Rousseau, *Annales de la Société Jean--Jacques Rousseau*, v.VIII, p.16, 1912.
59 Ibidem, p.3, 7.

tudar cuidadosamente toda a obra de Rousseau. Wright chocou-se com o fato de que até 1928 não existisse "nenhum documento em inglês e somente uns poucos em qualquer língua" que tivesse intentado determinar simplesmente aquilo que Rousseau quis dizer.[60] Seu método próprio – da mesma forma que o de Lanson, antes dele, e o de Cassirer, depois – era direto: "Com o fito de determinar sua doutrina, procurei investigar a obra em seu conjunto. Se estiver errado, demandaria que isso fosse mostrado lançando-se mão de todo o seu discurso e não apenas de uma ocasional centelha de paradoxo".[61]

Wright encontrou na "natureza" a ideia rousseauniana fundamental – mas na natureza interpretada de forma inusual.[62] "A ideia," afirma Wright, "de que o homem deve se aperfeiçoar por sua razão e em concordância com sua natureza percorre toda a obra de Rousseau e lhe confere uma unidade essencial".[63] Coerentemente, Wright expõe a doutrina rousseauniana em capítulos que discutem o homem natural, a educação natural, a sociedade natural e a religião natural. O homem natural reconhece que "a natureza está certa". Contudo, isso não significa que ele deva ser um animal ou um selvagem: razão e consciência são também partes da natureza humana – e, de fato, sua melhor parte. Nem tampouco significa que ele deva rejeitar a arte e a religião: "Qualquer arte que simplesmente nos engrandeça é certa, mas nenhuma é correta se nos avilta". A tarefa da razão

---

60 *The Meaning of Rousseau*, p.v.
61 Ibidem, p.vi.
62 A ênfase de Wright sobre a noção rousseauniana de natureza é um importante evento na história da crítica de Rousseau. Com a crescente popularidade das visões científica e materialista depois do século XVII, a concepção de natureza experimentou uma sólida transformação. Os cientistas definiam a natureza como o mundo nômico exterior que o homem deve compreender, os materialistas a encaravam como tesouro que o homem deveria explorar; Rousseau a entendeu como "natureza viva", a qual Schiller haveria de chamar *beseelte Natur* – força moral em que o homem participa ou a que aspira. A concepção de Rousseau, assim, incluía a ideia de potencialidade. Cf. o importante ensaio de Friedrich Schiller, "Über naive und sentimentalische Dichtung", editado pela primeira vez em 1795 (*Sämtliche Werke*. Leipzig: Tempel Verlag, s. d., IV, p.357-461).
63 *The Meaning of Rousseau*, p.32.

reside em mostrar ao homem o que é natural para ele em um certo estágio de seu desenvolvimento; a tarefa da liberdade é a de habilitá-lo a agir como deve. A liberdade só tem sentido caso obedeçamos à lei, mas a uma lei à qual assentimos livremente por reconhecermos sua racionalidade: "Quando nossa vontade autonomamente se cinge a um princípio conhecemos a verdadeira liberdade".[64]

O papel da educação natural é o de evitar a criação de um pequeno tirano ou de um pequeno escravo. Devemos permitir que a criança encontre por si mesma os limites de suas próprias capacidades; devemos argumentar com ela apenas quando for suficientemente adulta para raciocinar – esta é a única forma de se criar o homem natural. A teoria política de Rousseau – a teoria da sociedade natural – persiste neste tema. Os homens, tais como são hoje em dia, não estão aptos à liberdade. Eles devem ser tornados aptos, e devem criar por si mesmos um Estado que assim os tornará: "Se o cidadão deve criar o Estado, o Estado, por seu turno, deve criar verdadeiros cidadãos".[65] A posição de Wright pode ser epitomizada numa única sentença: Rousseau se opõe a que se tratem crianças como adultos e adultos como crianças.

A religião natural, finalmente, é decorrência lógica do pensamento rousseauniano. Seu objetivo é o de conhecer a Deus não através da discussão ou do ritual, mas pelo emprego natural da razão em total consonância com o sentimento. "A religião natural ... é a mais recente das religiões a se desenvolver e a herdeira de todas as outras ... o homem natural não é nosso primevo bruto antepassado, mas o último homem que nos encaminhamos a ser."[66]

VI

Esse, em resumo, era o estado da literatura sobre Rousseau quando Ernst Cassirer publicou seu ensaio, "Das Problem Jean-

---

64 Ibidem, p.7, 24, 29. Wright identifica aquilo que Cassirer posteriormente expôs: o estreito relacionamento entre a ética de Kant e a de Rousseau.
65 Ibidem, p.112.
66 Ibidem, p.164.

-Jacques Rousseau". A nomeada de Cassirer enquanto historiador das ideias e filósofo profissional, combinada a seu neokantianismo, o qualificava como o intérprete ideal da obra de Rousseau.[67] Kant, como Cassirer costumava observar, foi praticamente seu único leitor do século XVIII a aplaudi-lo por seus méritos reais e não por suas pretensas virtudes.[68] As especulações éticas de Kant haviam sido profundamente enriquecidas pela filosofia de Rousseau, e Cassirer explorou a instigante sugestão kantiana de que a chave para Rousseau residia em sua concepção racionalista de liberdade.

Cassirer, cujo método crítico da *Verstehen* é brilhantemente exemplificado em seu ensaio sobre Rousseau, propunha que o crítico principiasse o processo de intelecção da obra de um filósofo pela procura do centro dinâmico de seu pensamento.[69] Ele deve considerar as doutrinas não como uma série de posições discretas, mas como facetas de um ponto de vista único. O instrumental do crítico deve, portanto, incluir o dom da empatia: ele deve visitar – na verdade, reviver – com simpatia o mundo das ideias do pensador. Mais que isso, ele deve recriar imaginariamente – para si e para os outros – o meio no qual o filósofo produziu e polemizou.

História e filosofia tornam-se, assim, inextricavelmente entrelaçadas; o intérprete que mergulha no mundo de Rousseau não confundirá o ataque rousseauniano contra a cultura com uma investida contra qualquer tipo de civilização, mas corretamente o ajuizará como crítica ao tipo de civilização representada pela so-

---

67 Consulte-se *The Philosophy of Ernst Cassirer*. Evanston: The Library of Living Philosophers, 1949, especialmente James Gutmann, "Cassirer's Humanism", p.445-64.
68 Cf. adiante, p.58, e o ensaio de Cassirer, Kant and Rousseau, in: *Rousseau, Kant, Goethe*.
69 O método de Cassirer pode ser rastreado até Wilhelm Dilthey, que foi ele mesmo decisivamente influenciado por Kant. Sobre a teoria da interpretação de Dilthey, consulte-se *Gesammelte Schriften*. Leipzig: Teubner, 1914-1936, v.I: "Einleitung in die Geisteswissenschaften"; v.VII: "Der Aufbau der geschichtlichen Welt in den Geisteswissenschaften"; e "Die Entstehung der Hermeneutik" no v.V, p.317-38. Consultem-se também os comentários de Harry Slochower em Ernst Cassirer's Functional Approach to Art and Literature, in: *The Philosophy of Ernst Cassirer*, p.645, n.30.

ciedade parisiense. Concomitantemente, o crítico não se permitirá ler nas doutrinas do autor todas as consequências que outros delas inferiram. *Verstehen* é um processo que atua unicamente de dentro para fora. O que Cassirer afirma sobre sua abordagem da filosofia da história – que seu "objetivo não [foi] o de registrar e descrever resultados puros, mas o de elucidar as forças constitutivas internas"[70] – certamente se aplica a seu estudo sobre Rousseau. Uma vez esclarecido esse ponto de vista, torna-se mais claro o sofisticado uso que Cassirer faz da biografia. Cassirer não despreza o método genético. Muito ao contrário, são frequentes em seu opúsculo as citações das *Confissões* de Rousseau, da correspondência, e do *Rousseau juge de Jean-Jacques*. Uma gênese da obra de Rousseau só é possível, afirma Cassirer, "se nos remetermos a ela indo ao seu ponto de partida na vida de Rousseau e voltando às suas origens na personalidade dele. O imbricamento interno desses dois momentos é tão forte que toda tentativa de resolvê-lo viola o homem e a obra, pois acabaria cortando o verdadeiro nervo vital de ambos... as ideias fundamentais de Rousseau, embora brotem diretamente de sua natureza e de sua peculiaridade, não permanecem fechadas, nem presas nessa peculiaridade individual".[71] O intérprete de Rousseau deve utilizar os dados biográficos como significativos pontos de partida, mas não pode concluir sua tarefa com eles; não deve confundir bisbilhotices rasteiras sobre as fraquezas de Rousseau com crítica histórica.

O método de Cassirer sugere, ainda que não imponha, uma abordagem da história e da filosofia que deposita grande ênfase no estudo da natureza do homem. Kant estava profundamente interessado nos problemas da antropologia filosófica. Assim estava Cassirer, cuja *Philosophie der symbolischen Formen* é retrato monumental do homem enquanto animal simbolizador e estruturador do mundo.[72] E ele fez mais que investigar a visão rousseauísta da

---

70 *The Philosophy of the Enlightenment*. Princeton: Princeton University Press, 1951, p.vi [Ed. bras.: *A filosofia do Iluminismo*. Campinas: Editora da Unicamp, 1972]. Este livro apareceu originalmente na Alemanha em 1932, ano em que o ensaio sobre Rousseau foi publicado.
71 Cf. adiante, p.41-2.
72 A tradução inglesa, por Ralph Mannheim, foi agora completada: *The Philosophy of Symbolic Forms*. New Haven: Yale University Press, 1953-1957, 3v.

natureza humana – enfatizou que entre as principais preocupações de Rousseau se encontrava a procura da essência do homem.[73] Desde cedo, no *Discurso sobre a origem da desigualdade*, Rousseau evidencia essa preocupação; mais tarde descrever-se-ia como "o historiador da natureza humana",[74] lembrando a definição de Hobbes do estudo do homem: "Ler em si próprio não este ou aquele homem em particular, mas a humanidade".

Nas mãos de um filósofo como Cassirer, esse método imaginativo ajuda a revelar os princípios que dão coerência a um sistema de ideias. Mas o ensaio sobre Rousseau sugere dificuldades em sua aplicação. A busca persistente de um centro intelectual pode expurgar, como insignificantes, contradições que são de fato fundamentais. O pendor do Idealismo pela unidade e abrangência pode ensejar a conciliação, numa síntese supostamente superior, daquilo que é efetivamente irreconciliável. Com efeito, é possível afirmar-se que Cassirer incute mais sistematicidade em Rousseau do que realmente existe, e que, em sua ênfase na "liberdade", torna Rousseau mais kantiano do que os fatos lhe permitiriam afirmar.[75] Além disso, a abordagem racionalista de Cassirer da biografia está aberta à crítica. Não quero com isso sugerir que o crítico deva psicanalisar o autor a quem pesquisa – tal procedimento é frequentemente irrelevante e algumas vezes pernicioso. Contudo, um crítico que, como Cassirer, se baseia na biografia não pode se dar ao luxo de negligenciar completamente as contribuições de Freud e da disciplina a que este deu origem.

A despeito dessas ressalvas, o ensaio de Cassirer é uma conquista estética e intelectual de primeira ordem. Sua argumentação se desenvolve à nossa frente num passo medido, e apenas na conclusão percebe o leitor toda a sua força, quando todo o en-

---

73 Cf. adiante, p.64.
74 *Rousseau juge de Jean-Jacques*, Terceiro Diálogo, op. cit., IX, p.288.
75 Esta, de qualquer modo, é a conclusão de Robert Derathé: "A *vouloir faire de sa doctrine une sorte de kantisme avant la lettre, on finit par la dénaturer ou la mutiler. M. Cassirer n'est pas tout à fait à l'abri de ce reproche*" ["Ao pretender fazer de sua doutrina uma espécie de kantismo *avant la lettre*, acaba-se por desnaturalizá-la ou mutilá-la. O sr. Cassirer não está totalmente isento deste reparo"]. *Le rationalisme de J.-J. Rousseau*. Paris: Presses Universitaires de France, 1948, p.188.

cadeamento de prova, tão cuidadosamente arquitetado, pode ser discernido, testado e ter reconhecida a sua solidez.

VII

O ensaio de Cassirer consegue resolver o problema que se propõe? Vários dos mais significativos livros sobre Rousseau lançados desde 1932 evidenciam e reconhecem seu impacto.[76] Talvez a mais importante dessas publicações seja *Jean-Jacques Rousseau Moralist*, de Charles W. Hendel, que especificamente proclama "a maior concordância" com as "excelentes ponderações" de Cassirer.[77] O cerne do estudo de Hendel, desenvolvido numa detalhada biografia intelectual, está implícito em seu título: Rousseau procura definir a vida reta; seu problema fundamental é o de "libertar o homem de sua própria tirania, tirania tanto interna quanto externa".[78] Sob essa óptica, toda a sua obra pode ser vista como possuindo consistência e unidade. Ao longo de seu exaustivo estudo, Hendel procurou refutar outras interpretações de Rousseau, e Cassirer posteriormente rendeu tributo a seu esforço.[79]

Em anos recentes, a literatura sobre Rousseau foi enriquecida por duas contribuições de Robert Derathé.[80] Diferentemente da

---

[76] No mesmo ano em que veio a público o ensaio de Cassirer, ele veiculou seu ponto de vista num artigo e subsequente discussão na Sociedade Francesa de Filosofia. Consulte-se Cassirer, L'unité dans l'oeuvre de Jean-Jacques Rousseau, *Bulletin de la Société Française de Philosophie*, 32° anné, n.2, p.46-66, avril-juin, 1932.

[77] C. W. Hendel, *Jean-Jacques Rousseau Moralist*. London: Oxford University Press, 1934, 2v., I, p.ix.

[78] Ibidem, II, p.323.

[79] *Rousseau, Kant, Goethe*, p.58n. Em 1934 surgiu outro volume digno de nota, *Rousseau and the Modern State*, de Alfred Cobban (consulte-se nota 6 desta Introdução). Ainda que não mencione Cassirer especificamente, seus métodos e conclusões inserem-se na tradição de Lanson–Wright–Cassirer.

[80] *Le rationalisme de J.-J. Rousseau* (veja-se nota 75 desta Introdução), e *Jean--Jacques Rousseau et la science politique de son temps*. Paris: Presses Universitaires de France, 1950. Consulte-se a extensiva resenha de Alfred Cobban destes dois volumes, New Light on the Political Thought of Rousseau, *Political Science Quarterly*, v.LXVI, n.2, p.272-84, june 1951.

maioria dos comentadores, Derathé acredita que "a teoria política de Rousseau emergiu de suas reflexões sobre as teorias sugeridas por pensadores pertencentes à que tem sido denominada *escola da lei da natureza e lei das nações*".[81] Com notável destreza, M. Derathé identifica a dívida de Rousseau para com Grotius e Pufendorf, assim como para com Hobbes e Locke. Ele monta alicerces convincentes para uma tese familiar aos leitores do ensaio de Cassirer: a de que Rousseau perfila, em espírito, com os individualistas racionalistas a quem supostamente superou e se opôs. Derathé discute consideravelmente vários pontos apenas brevemente analisados por Cassirer e ilumina o tratamento rousseauniano da relação entre consciência e razão e do desenvolvimento da razão no homem. Suas conclusões são notavelmente próximas às de Cassirer: "Rousseau jamais acreditou que alguém não pudesse fazer uso de sua própria razão ... Muito ao contrário, ele queria nos ensinar a usá-la bem ... Rousseau é um racionalista consciente dos limites da razão".[82] Derathé não exime o ensaio de Cassirer de toda crítica. A seu ver, Cassirer exagera na asseveração do racionalismo de Rousseau. Não obstante, ele qualifica o ensaio como "de longe a mais significativa" das interpretações neokantianas de Rousseau e como "o mais vigoroso esforço de síntese até agora intentado para abordar o pensamento de Rousseau em sua integralidade e nele detectar uma coerência profunda".[83]

Entretanto, independentemente da influência que exerceu, o que Cassirer alcançou? Um pensador não é um quebra-cabeças; ele jamais é completamente "solucionado". Mas Cassirer elevou a questão Jean-Jacques Rousseau a um novo, mais elevado, patamar. Seu ensaio elegantemente iluminou a relação de fundamentais concepções rousseaunianas umas com as outras e com o restante de seu pensamento: da relação entre razão atual e potencial, entre a perfectibilidade do social e a demanda por uma nova sociedade, entre educação e racionalidade, e, mais importante, a relação entre razão e liberdade. Alguns críticos permaneceram in-

---

81 *Jean-Jacques Rousseau et la science politique de son temps*, p.1.
82 *Le rationalisme politique de J.-J. Rousseau*, p.169, 176.
83 Ibidem, p.181n, 185.

satisfeitos;[84] no entanto, o ensaio de Cassirer pode reclamar muito do crédito pela substituição do retrato do Rousseau emocional, totalitário autocontraditório por uma apreciação mais acurada.

VIII

Para o leitor de Cassirer, o problema da teoria política de Rousseau surge em suas verdadeiras dimensões somente depois que a unidade fundamental de sua filosofia tenha sido firmemente estabelecida. Sua consistência objetiva, reiteremos, não é afetada pela constatação de que seu pensamento político tem servido a individualistas e coletivistas, a libertários e totalitários. Todavia, a relação da teoria política de Rousseau com o processo histórico levanta questões importantes que o ensaio de Cassirer nos ajuda a enunciar de modo apropriado, embora não as solucione.

Ainda que uma breve Introdução não seja o local para uma investigação detalhada dessa relação, talvez seja proveitoso indicar a direção que um estudo dessa ordem pode tomar. Eu sugeriria, portanto, que tracemos uma distinção entre a teoria política de Rousseau como instrumento crítico e artefato construtivo.[85] Utilizado como marco crítico, o pensamento político de Rousseau tem tido valor inestimável para movimentos democráticos; empregado como agenda política, tem exercido efeito pernicioso sobre ideias libertárias e instituições.

O "grande princípio único" de Rousseau – que o homem é bom, que a sociedade o corrompe, mas que *somente* a sociedade, o agente

---

84 Por exemplo, Henri Peyre: "Rousseau está eivado de contradições, e os mais engenhosos homens de saber (Lanson, Höffding, Schinz e E. H. Wright) ainda não conseguiram nos evidenciar a unidade de seu pensamento". The Influence of Eighteenth Century Ideas on the French Revolution, in: *The Making of Modern Europe*, I, p.482.

85 Devo ao falecido Franz Neumann, da Columbia University, a formulação de que Rousseau é o teórico dos movimentos democráticos, mas não do Estado democrático.

da perdição, é capaz de ser o agente da salvação – é uma ferramenta *crítica*. Ele afirma não apenas que a reforma é desejável, mas, mais importante, que ela é possível, e sugere que uma sociedade que só produz vilões e néscios se priva de seu direito de existir. Mas Rousseau é o filósofo do movimento democrático de uma forma ainda mais direta: ao longo de seus escritos ele enumera aquelas características que tornam viciosa a sociedade contemporânea e aqueles traços pelos quais podemos reconhecer o seu oposto, a sociedade virtuosa, na qual a *volonté générale* é suprema. O maior dos males sociais é a desigualdade; a maior das virtudes sociais é a liberdade. Rousseau frequentemente empunha essas teses – duas poderosas armas do arsenal democrático – desde os primeiros *Discursos* até *Rousseau juge de Jean-Jacques*. Seus enunciados mais marcantes em teoria social são artefatos críticos. Devemos apenas lembrar sua determinação de que a vontade geral deva ser absolutamente geral ("Todos os votos devem ser contados; qualquer exclusão formal é uma quebra da generalidade");[86] sua crítica ao governo representativo no qual o povo soberano renuncia àquilo que deve reter para si ("No momento em que o povo assume representantes ele deixa de ser livre; ele deixa de existir");[87] e sua arremetida contra a cultura intelectual francesa e os modos de seu tempo – posto que eles (assim como a desigualdade) empobrecem a vida em vez de engrandecê-la.

Para um partido que esteja fora do poder ou para um filósofo na oposição, nenhuma teoria poderia ser mais útil ou consistente que a de Rousseau. Todavia, se incorporada a instituições, se o partido democrático assumisse o governo, logo emergiriam as implicações absolutistas de sua filosofia. Rousseau ataca associações voluntárias, despreza a dissensão, pleiteia impor uma religião civil que só poderia ser desobedecida sob pena de exílio ou morte. Isso é consistente com o restante de seu pensamento: o tipo de cidadão que deseja criar – o novo homem do *Emílio* que, por temor de que seja corrompido pela sociedade de seu tempo, deve ser bem protegido dela – não desejaria pertencer a nenhum grupo de interesse especial; não teria nenhuma inclinação a discordar das decisões da vontade

---

86 *Contrato social*, Livro II, Capítulo ii, op. cit., III, p.319*n*.
87 Ibidem, Livro III, Capítulo xv, op. cit., III, p.362.

geral. De fato, ele reconheceria a religião civil como um amalgamador necessário e acreditaria nela ou a professaria sem escrúpulos. A supremacia da *volonté générale* é uma cláusula prescritiva, uma exigência moral estabelecida para o homem bom que ainda não existe, mas que será criado por uma sociedade igualitária e uma educação natural. Rousseau pressupõe, como ele próprio afirma, "que todas as qualidades da vontade geral estão ainda presentes na maioria: quando deixarem de estar ... não haverá mais liberdade".[88]

É essa concepção normativa, essa tendência utópica de se concatenar a perfectibilidade do homem à perfeição do Estado, no qual apenas o homem perfeito pode viver, que torna o pensamento de Rousseau tão poderoso como crítica e tão perigoso quando tomado como guia para a feitura de uma constituição. Os princípios críticos de Rousseau são transformados em grilhões tão logo o crítico se transforma em soberano.

IX

O fato de sermos levados a especular tão livremente a respeito da teoria política de Rousseau após ler Cassirer é, a um só tempo, um tributo ao sugestivo escopo de seu ensaio e ao persistente fascínio do pensamento político rousseauísta. Cassirer não era ele próprio um teórico político, mas seu trabalho é de suma importância para teóricos políticos os quais esquecem muito facilmente que as ideias políticas se desenvolvem num contexto mais amplo.[89] O

---

88 Ibidem, Livro IV, Capítulo ii, op. cit., III, p.368. Se interpretarmos o *Contrato social* desta maneira, suas supostas contradições com o muito menos radical *Gouvernement de Pologne* são dissipadas: o primeiro se concentra sobre os homens, como eles podem e devem ser; o último, sobre os homens como eles são.

89 Existe, na verdade, uma dimensão da experiência de Rousseau que Cassirer não negligencia, mas que poderia bem ter se concentrado mais sobre ela: Rousseau, o cidadão de Genebra. Alguns dos mais importantes escritos de Rousseau, incluindo o *Contrato social*, refletem lutas partidárias genebrinas e se aplicam diretamente à realidade de Genebra. Afortunadamente, existem dois belos livros que iluminam os íntimos laços do pensamento de Rousseau com a cidade de seu nascimento: Gaspard Vallette, *Jean-Jacques Rousseau Genevois*. Paris, Genève, 1911; e John Stephenson Spink, *Jean-Jacques Rousseau et Genève ... pour servir d'introduction aux Lettres écrites de la montagne*. Paris: Boivin, 1934.

opúsculo de Cassirer se constitui um duradouro memento de que o teórico político que subtrai os escritos políticos de seu contexto em meio ao pensamento integral do autor mutilará seu sentido. Não é acidental que os maiores teóricos políticos tenham raramente sido *apenas* isto; eles foram primeiramente pensadores cujo interesse no homem e no universo incluía a relação do homem com o Estado. Quando Aristóteles descreve sua *Política* como uma continuação de sua *Ética*, quando Hobbes acredita ser essencial dedicar dezesseis capítulos do *Leviatã* ao "Homem" antes que prossiga para a "Comunidade", encontramos indícios que o leitor deve respeitar e o intérprete deve levar a sério.

Cassirer os tomou a sério. Ele concordava assim com Samuel Johnson, que escreveu certa vez sobre a poesia: "As partes não devem ser examinadas até que o todo tenha sido investigado; há uma espécie de distanciamento intelectual necessária para a compreensão de qualquer grande obra em toda a sua dimensão e em suas verdadeiras proporções; um exame próximo mostra as peculiaridades menores, mas a beleza do todo já não é mais discernida".

Nota da edição americana sobre o texto de Cassirer (1954)*

O ensaio de Ernst Cassirer, "Das Problem Jean-Jacques Rousseau", apareceu originalmente no *Archiv für Geschichte der Philosophie*, v.XLI, p.177-213, 479-513, 1932. Em 27 de fevereiro de 1932, numa comunicação à Société Française de Philosophie (seguida por um debate), Cassirer apresentou o centro de seu ensaio em francês. Cf. *Bulletin de la Société Française de Philosophie*, Ano 32, n.2, p.46-66, abr.-jun., 1932.

---

* A maior parte das considerações presentes nesta nota se aplica apenas à versão americana. Contudo, pareceu-nos interessante mantê-la no texto em português. Isto se justifica, de um lado, porque os vários procedimentos, convenções e referências bibliográficas que explicita são obviamente empregados no Prefácio, no Posfácio e em outras notas explicativas de Peter Gay, parcela significativa desta edição brasileira. De outro, porque tais procedimentos introduzidos pelo tradutor/editor americano efetivamente enriquecem o livro e, por isso, sempre que possível, também os empregamos. (N. T.)

"Das Problem Jean-Jacques Rousseau" nunca foi lançado como livro em sua versão original alemã, mas uma tradução italiana veio à luz num pequeno volume: *Il problema Gian Giacomo Rousseau*, traduzido por Maria Albanese (Firenze: La Nuova Italia, 1938). A presente versão é a primeira a surgir em inglês. Pode-se notar, contudo, que alguns trechos do ensaio estão presentes em *The Philosophy of the Enlightenment*, traduzido por Fritz C. A. Koelln e James P. Pettegrove (Princeton: Princeton University Press, 1951), bem como em seu ensaio posterior "Kant and Rousseau", em *Rousseau, Kant, Goethe*, traduzido por James Gutmann, Paul Oskar Kristeller e John Herman Randall Jr. (Princeton: Princeton University Press, 1945).

Nesta edição, procurei ficar tão próximo das intenções e estilo de Cassirer quanto o uso do inglês permitisse. Os poucos erros tipográficos foram discretamente corrigidos, e os alentados parágrafos de Cassirer foram divididos. Mas, com essas exceções, nenhuma outra mudança foi feita.

O padrão de Cassirer em relação às citações do francês não foi uniforme – ao menos não neste ensaio. Ele traduziu algumas passagens, deixando outras no original. Quando quer que Cassirer tenha vertido uma passagem do francês para o alemão, eu a traduzi em inglês no texto; sempre que a deixou em francês, segui seu costume e inseri a tradução em inglês numa nota de rodapé.

Em todos estes casos, com uma única exceção (a citação às páginas 83-5), traduzi diretamente da fonte original em vez de utilizar a versão alemã de Cassirer. Todas as traduções do francês são minhas, exceto pelas traduções versejadas que são trabalho de meu editor, J. Christopher Herold.

Cassirer seguiu a prática de abreviar citações através da omissão de palavras, expressões, ou sentenças inteiras, frequentemente sem indicação – mas nunca, saliente-se, distorcendo seu sentido. Algumas dessas omissões foram restauradas, e as omissões de passagens mais longas foram indicadas pelo método comum, empregando reticências entre colchetes. As referências foram tiradas da edição Hachette das obras de Rousseau (frequentemente reimpressa na segunda metade do século XIX e início do XX), isto por ser bem mais acessível do que a edição utilizada por Cassirer. Esta última, aparentemente, é aquela listada por Jean Sénelier, *Bibliographie gé-*

nérale des oeuvres de J.-J. Rousseau (Paris: Presses Universitaires de France, 1949), sob o nº 1901: *Collection des oeuvres complèttes* (sic) de J.-J. Rousseau, Chez Sanson, Aux Deux Ponts [Zweibrücken], 1782-1784, 30v. em 12mo.

As notas de pé de página de Cassirer não foram tocadas a não ser por pequenos detalhes de estilo. Nas notas, assim como no corpo do texto, todas as minhas adições estão entre colchetes. Não se procurou citar os trabalhos individuais de Rousseau por seus títulos integrais; as abreviações geralmente aceitas foram usadas, por exemplo, *Discours sur les sciences et les arts*. A grafia das citações em francês foi modernizada.

A QUESTÃO JEAN-JACQUES ROUSSEAU*

I

Se vamos falar aqui sobre a questão Jean-Jacques Rousseau, nesta formulação do tema já reside um determinado pressuposto: o pressuposto de que a personalidade de Rousseau e seus pensamentos não se tornaram para nós meramente um fato histórico que temos de descrever e apreender unicamente em sua simples efetividade. Também hoje para nós, a doutrina de Rousseau não constitui acervo fixo de frases isoladas que simplesmente registramos, e que podemos inserir nas interpretações da história da filosofia sob a forma de reprodução e de relato. Desta forma, porém, ela foi exposta em inúmeros trabalhos monográficos isolados, mas todas estas exposições parecem estranhamente frias e sem vida quando as confrontamos com a obra de Rousseau.

Qualquer um que se lançar em sua obra e vir surgir dela a visão do homem, do pensador e do artista Rousseau sentirá imediatamente quão pouco aquele esquema abstrato de ideias, que costumamos designar como a "doutrina de Rousseau", pode captar a

---

* Tradução de Erlon José Paschoal.

riqueza interna que se abre aqui para nós. O que se descortina não é uma doutrina fixa e pronta; é, ao contrário, um movimento de renovação constante do pensamento – um movimento de tamanha força e paixão que, diante dele, a salvação na tranquilidade da observação histórica "objetiva" mal parece possível. Ele acaba sempre se impondo a nós e sempre acaba nos arrastando consigo. A força incomparável com a qual Rousseau, enquanto pensador e escritor, atuou em sua própria época, está afinal fundamentada no fato de que ele expôs mais uma vez a um século, que tinha elevado a cultura da forma a um patamar jamais alcançado anteriormente conduzindo-a à perfeição e ao acabamento interno, toda a problemática interna do conceito da forma em si. O século XVIII repousa – em sua literatura, bem como em sua filosofia e ciência – num mundo da forma fixo e pronto. Nesse mundo, se encontra fundamentada a realidade das coisas e o valor delas determinado e assegurado. O século se alegra com a determinação inequívoca, com o contorno claro e nítido das coisas e com a sua delimitação segura; ele considera a capacidade para tal determinação e delimitação ao mesmo tempo como a mais elevada força subjetiva do homem, como a potência fundamental da própria "razão".

Rousseau é o primeiro pensador que não somente questiona essa segurança, mas também a abala em seus alicerces. Ele nega e destrói na ética e na política, na religião, na literatura e na filosofia, as formas estabelecidas que encontra – mesmo correndo o perigo de fazer o mundo afundar novamente em seu estado original informe, no estado de "natureza", abandonando-o assim em certo sentido ao caos. Mas em meio a esse caos que ele próprio provocou, a sua força criadora singular se manifesta e se impõe. Aí então tem início um movimento animado por novos impulsos e determinado por novas forças. Os objetivos desse movimento permanecem primeiramente ocultos; eles não podem ser designados num isolamento abstrato, nem antecipados como pontos finais dados e certos. Onde tentou uma tal antecipação, Rousseau ultrapassou formulações vagas e frequentemente contraditórias. O que permanece irrefutável para ele, e o que ele agarra com toda a força do pensamento e do sentimento, não é o objetivo almejado, mas o impulso seguido por ele.

E ele ousa entregar-se a esse impulso: ele opõe ao modo de pensar essencialmente estático do século a sua própria dinâmica inteiramente pessoal do pensamento e sua dinâmica do sentimento e da paixão. E, com ela, continua fascinando também a nós. A doutrina de Rousseau não é igualmente para nós objeto de uma mera curiosidade erudita, nem de uma observação puramente histórico-filológica. Ao contrário, ela é considerada uma problemática viva e absolutamente atual, desde que não se satisfaça com a observação de seus resultados, mas se lance em seus primeiros pressupostos. As questões levantadas por Rousseau em seu século não são, ainda hoje, de modo algum obsoletas; também para nós elas não estão simplesmente "resolvidas". Mesmo que a sua *formulação* com frequência seja para nós apenas historicamente significativa e historicamente compreensível, o seu *conteúdo* não perdeu nada de sua proximidade.

E o fato de ser assim resulta sobretudo também da discrepância em torno da imagem de Rousseau delineada pela pesquisa puramente histórica. Depois de todas as averiguações dos detalhes biográficos; depois de todos os estudos dos pressupostos históricos e das fontes históricas da doutrina de Rousseau; depois da análise bastante pormenorizada de seus escritos, seria de esperar que pelo menos se tivesse obtido clareza sobre os traços fundamentais de sua essência e se tivesse chegado a um consenso sobre a intenção fundamental de sua obra. Mas um olhar sobre a literatura consagrada a Rousseau já faz que essa expectativa se transforme em ignomínia. Essa literatura poderosa acabou sendo novamente ampliada nos últimos tempos por algumas obras importantes e abrangentes. Mas tomando nas mãos essas obras e comparando, por exemplo – só para citar os nomes mais importantes – a mais recente explanação sobre Rousseau, feita por Albert Schinz em seu texto *La pensée de Jean-Jacques Rousseau* (Paris, 1929), com as explanações de Hubert e de Masson,[1] vem à tona de imediato

---

1 [René] Hubert, *Rousseau et l'Encyclopédie: essai sur la formation des idées politiques de Rousseau*, Paris (1928); [Pierre-Maurice] Masson, *La religion de J.-J.Rousseau* (3v., Paris, 1916). Cf. sobretudo a crítica da concepção de Masson feita por [Albert] Schinz, La pensée religieuse de Jean-Jacques Rousseau et ses récents interprètes, *Smith College Studies in Modern Language*, v.X, n.1, 1928.

a extrema controvérsia entre as interpretações. Essa controvérsia não se restringe a pormenores e coisas secundárias; ela se refere bem mais à visão fundamental da índole e das convicções de Rousseau. Às vezes Rousseau nos aparece como o verdadeiro precursor do individualismo moderno lutando em defesa da liberdade ilimitada do sentimento e do "direito do coração", e levando esse direito tão longe que acabou perdendo completamente toda ligação ética e todo preceito moral objetivo. "A moral de Rousseau", avalia por exemplo Karl Rosenkranz, "é a moral do homem natural que não se elevou à verdade objetiva da autodeterminação através da obediência à lei moral. Em seus caprichos subjetivos, ele pratica tanto o bem quanto, por vezes, o mal, mas afirmará o mal como um bem porque isso brotou do sentimento do coração bom".[2] Mas é exatamente a acusação oposta que se costuma fazer contra Rousseau, certamente sem a menor razão. Vemos nele o fundador e o precursor de um socialismo de Estado que simplesmente abandona o indivíduo à totalidade; que o obriga a entrar numa forma estatal fixa no âmbito da qual não existe para ele nenhuma liberdade de ação, nem mesmo liberdade de pensamento. E tanto sobre as convicções éticas e políticas de Rousseau quanto sobre suas diretrizes fundamentais e convicções religiosas, o julgamento é absolutamente oscilante. A "Profissão de fé do vigário de Saboia" no *Emílio* passou pelas mais variadas interpretações. Ora foi considerado um dos pontos altos do deísmo do século XVIII, ora apontou-se o seu relacionamento estreito com a religião "positiva" indicando-se as linhas que ligam essa confissão com a fé calvinista na qual Rousseau havia sido criado.[3] E a última grande explanação da religião de Rousseau contida na obra de Masson, *La religion de Jean-Jacques Rousseau*, não recua diante do paradoxo de inserir outra vez o sentimento religioso de Rousseau e suas convicções religiosas inteiramente dentro do círculo do catolicismo e reivindicá-lo para ele. Segundo Mas-

---

2   Karl Rosenkranz, *Diderot's Leben und Werke* [Vida e obra de Diderot], Leipzig, 1866, v.II, p.75.
3   O pensamento protestante-calvinista fundamental de Rousseau é apontado, entre outros, por [Gustave] Lanson. Cf. *Histoire de la littérature française*, 22.ed. Paris: Hachette, 1930, p.788ss.

son, existe uma relação real, profunda e há muito incompreendida não somente entre Rousseau e a religião, mas também entre Rousseau e a fé católica.

Igualmente ambíguo e incerto torna-se o julgamento quando tentamos confrontar o universo das ideias de Rousseau com a oposição tradicional entre "racionalismo" e "irracionalismo". É inequívoco que ele se afastou daquela glorificação da "razão" vigente no círculo dos enciclopedistas franceses, e que, perante ela, ele se reporta às forças mais profundas do "sentimento" e da "consciência moral" (Genissen). Mas, por outro lado, foi justamente esse "irracionalista" que, em meio às lutas mais intensas contra os *"filósofos"*, contra o espírito do Iluminismo francês, anunciou que as ideias mais sublimes da divindade, das quais o homem seria capaz, eram fundadas pura e exclusivamente na razão: *"Les plus grandes idées de la divinité nous viennent par la raison seule"*.[4] E, além disso, foi esse "irracionalista" que ninguém menos que Kant comparou com Newton, chamando-o de Newton do mundo moral.

Examinando essa divergência entre os julgamentos, reconhecemos imediatamente que a partir disso não se pode obter, nem esperar, um esclarecimento verdadeiro da índole de Rousseau. Este só pode ocorrer se, irredutíveis diante dos preconceitos e das opiniões preconcebidas, consultarmos novamente a *própria* obra de Rousseau, e se a deixarmos ressurgir diante de nós de acordo com sua própria lei interna.

Mas por sua vez, uma tal gênese da obra só é possível se nos remetermos a ela indo ao seu ponto de partida na vida de Rousseau e voltando às suas origens na personalidade dele. O imbricamento interno desses dois momentos é tão forte que toda tentativa de resolvê-lo viola o homem e a obra, pois acabaria cortando o verdadeiro nervo vital de ambos. Na verdade, o que deve ser afirmado aqui não é que o universo das ideias de Rousseau, separado de sua forma individual de existência e de sua "existência" pessoal, não possui nenhum significado autônomo. Ao contrário, é justamente

---

4 [Profession de foi du vicaire savoyard, in: *Emile*, Livro IV. (Hachette, II, p.267).] ["As mais sublimes ideias da divindade nos chegam somente pela razão". (N. T.)]

a tese oposta que gostaria de defender aqui. O que tentarei mostrar é que as ideias fundamentais de Rousseau, embora brotem diretamente de sua natureza e de sua peculiaridade, não permanecem fechadas, nem presas nessa peculiaridade individual – que elas em sua maturidade e perfeição apresentam-nos uma problemática objetiva válida não somente para ele próprio ou sua época, mas que contém em toda sua acuidade e determinação uma necessidade interna rigorosamente objetiva. Contudo, mesmo essa necessidade não surge diante de nós imediatamente numa generalidade abstrata e num isolamento sistemático. A princípio, ela emerge de maneira muito gradual do solo originário individual da natureza de Rousseau, e ela deve ser de certo modo arrancada dessa solo originário, deve ser conquistada passo a passo. Rousseau sempre resistiu à noção de que um pensamento só poderia ter objetivo e verdade objetiva se aparecesse desde o princípio numa couraça e numa conformação sistemática – e rejeitou contrariado a impertinência de uma tal coação sistemática. Isso vale tanto no sentido teórico quanto no prático; vale para o modo de pensar, bem como para o modo de viver. Num pensador desse tipo, não se pode separar o conteúdo e o sentido da obra da razão pessoal de viver; ambos só podem ser apreendidos um dentro do outro e um com o outro, só num "reflexo reiterado" e num esclarecimento mútuo de um pelo outro.

O desenvolvimento espiritual autônomo de Rousseau começa apenas no momento em que ele chega a Paris, com quase trinta anos de idade. Ali ele vivencia primeiramente o verdadeiro despertar de sua autoconsciência intelectual. A partir daí, a infância e a adolescência ficam para trás como que envolvidas num crepúsculo indeterminado: não passam para ele de objetos de recordação e de saudade – de uma saudade, contudo, que acompanhou Rousseau até a velhice e que manteve sempre sua intensidade. O que sempre levou Rousseau de volta às primeiras impressões de sua terra natal na Suíça foi a sensação de que lá, e somente lá, ele tinha possuído a vida ainda como unidade verdadeira e como totalidade intacta. A ruptura entre as exigências do mundo e as exigências do eu ainda não havia se consumado; a força do sentimento e da fantasia ainda não havia encontrado os seus limites firmes e resistentes na realidade das coisas. E, por conseguinte, mesmo para a própria consciência de Rousseau, os dois mundos, o mundo do Eu e o mundo das coisas, ainda não estavam nitidamente separados. Sua vida de rapaz e adolescente é uma teia peculiar e fantástica, estranhamente tecida de sonho e realidade, de vivência e imaginação. Seus momentos mais satisfatórios, mais substanciais e "mais reais" não são aqueles dedicados à ação e à atividade, mas as horas nas quais consegue deixar para trás e esquecer a realidade, fascinado pelo mundo de sonhos de suas fantasias, sentimentos e desejos. Em suas caminhadas sem destino durante semanas inteiras e vagueando livremente, ele sempre procura e reencontra essa felicidade.

Mas no momento em que chega a Paris, esse mundo desaparece para ele como que num só golpe. Ali, uma outra ordem das coisas e da vida o aguarda e o recebe – uma ordem que não deixa espaço para o arbítrio subjetivo e para a fantasia subjetiva. O dia é composto por uma imensa quantidade de negócios – e é inteiramente regulado por eles. É um dia repleto de trabalho e de deveres sociais convencionais no qual cada coisa tem sua hora e seu tempo determinado. Essa fixidez da normatização e da medição objetiva do tempo foi a primeira coisa com a qual Rousseau teve de se acostumar, e desde então teve de lutar continuamente contra essa exigência estranha à sua índole. Rousseau sempre considerou esse esquema fixo do tempo, que determina e domina completamente o dia de trabalho habitual do ser humano, e essa divisão da vida imposta e estabelecida de fora como uma amarra insuportável desta. Ele pôde fazer as coisas mais diversas e sujeitar-se também a muitas coisas, em si inadequadas para ele, desde que o seu *tempo* não lhe fosse prescrito de acordo com o tipo de *ocupação*.

No penetrante auto-exame de sua própria índole, nos diálogos aos quais deu o título característico de *Rousseau juge de Jean-Jacques*, Rousseau se atém sobretudo a esse traço. "Jean-Jacques" – assim descreve a si mesmo – "ama os afazeres, mas odeia e detesta todo tipo de coação. O trabalho não lhe custa nada se ele puder executá-lo no seu tempo, e não na hora que um outro lhe determinar [...] Se tiver um negócio a resolver, uma visita ou uma viagem a fazer, ele agirá imediatamente, se nada o forçar; entretanto, se tiver de fazer isso tudo na hora, ele se insubordinará. Um dos momentos mais felizes de sua vida foi quando, desistindo de todos os planos futuros e decidido a viver despreocupadamente, desfez-se de seu relógio. 'Graças aos Céus', exclamou ele num acesso de alegria, 'nunca mais precisarei saber que horas são.'"[5] Nessa rejeição da regulamentação e padronização da vida exterior irrompe em Rousseau um outro sentimento interior mais profundo que o aliena cada vez mais das formas tradicionais de sociabilidade e o impulsiona de volta para si mesmo. Imediatamente depois de sua chegada, ele parece ser capaz de se submeter a essas formas. Nessa época, ele não é de modo algum o ermitão acanhado; procura o contato com as pessoas, e encontra sobretudo na amizade com Diderot, que é de certo modo a personificação de todas as forças espirituais vivas da França da época, o laço que o liga firmemente à vida literária e social da época. Mesmo a acolhida pessoal encontrada por Rousseau em Paris parecia destinada e até mesmo calculada para conduzir gradualmente a sua maneira própria de ser por outros caminhos e levar a uma reconciliação entre ele e o *esprit public*". Pois em toda parte mostraram-se dispostos a acolhê-lo amigavelmente. Paris na época representava o apogeu e o momento áureo da cultura palaciana – e a verdadeira virtude desta cultura consiste na cortesia refinada com a qual se recebia ali todo estrangeiro.

Mas é justamente essa cortesia "evidente" e geral que fere e repugna Rousseau. Pois ele aprende de maneira cada vez mais clara a examiná-la a fundo; sente de maneira cada vez mais intensa que esse tipo de amabilidade desconhece qualquer ligação pessoal. A exposição mais penetrante desse sentimento, Rousseau a fez naquela carta da *Nova Heloísa*, na qual Saint-Preux descreve a sua entrada na sociedade parisiense. Nela, nada é "inventado"; nela, cada palavra é criada a partir da própria experiência imediata. "Acolheram-me aqui", escreve Saint-Preux, "de maneira muito calorosa. Receberam-me cheios de amizade; fizeram-me mil obséquios e prestaram-me todo tipo de serviços. Mas é justamente disso que me queixo. Como se pode, de um momento para o outro,

---

5 *Rousseau juge de Jean-Jacques*, Segundo Diálogo (*Oeuvres complètes*, Ed. Aux Deux-Ponts [Zweibrücken], 1782, p.8). [Hachette, IX, p.225.] Cf. *Confissões*, Livro VIII.

ser amigo de uma pessoa a quem nunca se viu antes? O verdadeiro interesse humano, a entrega singela de uma alma livre e nobre: eles falam uma língua diferente de todos os testemunhos externos da cortesia e *das falsas aparências* que os costumes da vida mundana exigem. Tenho muito receio de que aquele que me trata logo ao primeiro olhar como um amigo que conhece há vinte anos possa me tratar depois de vinte anos como um desconhecido, caso eu venha a solicitar-lhe um serviço importante qualquer; e quando vejo nesses homens [*dissipados*] um interesse tão afetuoso por tantas pessoas, acabaria quase acreditando que eles não têm interesse por ninguém."[6] Essa foi a primeira impressão que Rousseau teve da sociedade parisiense, e ela continuou incessantemente atuando e se aprofundando nele. É aqui que se deve procurar a verdadeira fonte de sua misantropia – de uma misantropia resultante de um sentimento de amor autêntico e profundo, do desejo de uma entrega incondicional e de um ideal entusiástico de amizade. É aquela misantropia tal qual foi delineada pelo mais profundo conhecedor e retratista dos homens da literatura clássica francesa, numa figura incomparável. Em meio ao mundo amável e solícito, palaciano e cortês da sociedade parisiense, atinge Rousseau aquele sentimento de total isolamento, semelhante ao que Molière faz o seu Alceste expressar:

> *Non, non, il n'est point d'âme un peu bien située*
> *Qui veuille d'une estime aussi prostituée.*
> ...
> *Sur quelque préférence une estime se fonde,*
> *Et c'est n'estimer rien qu'estimer tout le monde.*
> ...
> *Je refuse d'un coeur la vaste complaisance*
> *Qui ne fait de mérite aucune différence.*
> ...
> *J'entre en une humeur noire, en un chagrin profond,*
> *Quand je vois vivre entre eux les hommes comme ils font.*
> *Je ne trouve partout que lâche flatterie*
> *Qu'injustice, intérêt, trahison, fourberie;*

---

6 *Nova Heloísa*, Segunda Parte, Carta XIV. [Hachette, IV, p.158.]

*Je n'y puis plus tenir, j'enrage; et mon dessein
Est de rompre en visière à tout le genre humain.*[7]

Mas há também um outro impulso mais forte que impele Rousseau a esse rompimento. O mesmo defeito fundamental que já tinha percebido na sociedade, ele percebe agora também em seus porta-vozes intelectuais, nos representantes de sua espiritualidade mais fina e verdadeira. Essa espiritualidade está tão distante do autêntico espírito da verdade quanto os costumes obsequiosos da época o estavam da verdadeira moralidade. Pois há muito a filosofia desaprendeu a falar sua língua própria e original, a linguagem da sabedoria – ela continua falando apenas a língua da época, adaptando-se a suas ideias e interesses. A coação pior e mais implacável da sociedade reside nesse poder que ela exerce não somente sobre nossas ações exteriores, mas também sobre todos os nossos estímulos interiores, sobre os nossos pensamentos e apreciações. Toda autonomia, toda liberdade e originalidade do julgamento fracassa diante desse poder. Não somos mais nós que pensamos e julgamos; a sociedade pensa em nós e por nós. Não

---

7 [*O misantropo*, Ato I, Cena I:
"Não, não há meio de alma bem constituída
Suportar uma estima assim prostituída.
....
Na preferência a estima é sempre baseada,
Nada estima o que prefere tudo e nada.
....
Rejeito num coração a grande complacência
De entre os méritos não ter preferência.
....
Entro em humor negro, tormento infindo,
Quando vejo homens assim agindo.
Para onde olhe não há mais que lisonja vazia
Injustiça, cobiça, engodo, vilania;
Não suporto mais e desejo, em ira assumida
Combater os humanos por toda a minha vida."
Sobre as considerações do próprio Rousseau a respeito dessa peça e, em particular, quanto ao caráter de Alceste, cf. sua *Lettre à M. d'Alembert sur son article "Genève" dans l'Encyclopédie* (Hachette, I, p.201-6).]

precisamos procurar a verdade por muito tempo; ela é colocada em nossas mãos como moeda cunhada.

"Reina em nossos costumes" – assim descreve Rousseau esse estado mental em seu primeiro escrito filosófico – "uma uniformidade desprezível e enganosa e parece que todos os espíritos se fundiram num mesmo molde: incessantemente a polidez impõe, o decoro ordena; incessantemente seguem-se os usos e nunca o próprio gênio. Não se ousa mais parecer o que se é e, sob essa coerção perpétua, os homens que formam o rebanho chamado sociedade, nas mesmas circunstâncias farão todos as mesmas coisas."[8] O homem sociável sempre vive fora de si, só sabe viver baseando-se na opinião dos outros e chega ao sentimento de sua própria existência quase que somente nesse caminho derivado e mediado pelo desvio do julgamento dos outros.[9]

Mas com estas frases que fazem parte do segundo escrito filosófico de Rousseau, do *Discurso sobre a origem da desigualdade*, já antecipamos um estágio posterior do desenvolvimento. Retornemos daqui novamente a fim de termos em vista o momento que podemos caracterizar como a hora de nascimento das ideias fundamentais de Rousseau. Ele próprio nos deu de si mesmo uma descrição incomparável e inesquecível. Trata-se daquele dia de verão do ano de 1749 no qual Rousseau saiu de Paris para visitar seu amigo Diderot que, em virtude de uma arbitrária *ordem de prisão*, tinha sido encarcerado na torre de Vincennes. Levou consigo um número do *Mercure de France* e, enquanto lia no caminho, deparou de repente com um tema de concurso lançado pela Academia de Dijon para o próximo ano. "O progresso das ciências e das artes" – este era o tema – "contribuiu para o aperfeiçoamento dos costumes?"

"Se algum dia algo se assemelhou a uma inspiração repentina" – assim descreveu Rousseau esse momento, numa carta endereçada a Malesherbes –, "então foi a comoção que me acometeu durante

---
8 "Primeiro Discurso" [*Discours sur les sciences et les arts*], Primeira Parte. [Hachette, I, p.4.]
9 [Cf.] *Discurso sobre a origem da desigualdade* (próximo ao final). [Hachette, I, p.126.]

a leitura dessa pergunta. Num átimo senti-me ofuscado por milhares de luzes; uma abundância de ideias [*vivas*] impôs-se repentinamente com tanta violência [*e confusão*] que deixou-me indescritivelmente intranquilo. Senti minha cabeça sendo acometida por uma confusão que beirava à embriaguez. Uma violenta palpitação oprimia-me, erguia-me o peito. Não podendo mais respirar [*andando*], deixei-me cair sob uma das árvores [*da avenida*]. Passei ali meia hora numa tal excitação que, quando me levantei, vi que tinha molhado de [*minhas*] lágrimas [*toda a frente de*] meu casaco sem perceber que as tinha derramado. Oh, [*senhor*] se pudesse um dia descrever apenas uma fração do que vi e senti debaixo daquela árvore, com que clareza teria podido demonstrar todas as contradições do sistema social! Com que força teria podido apresentar todos os abusos de nossas instituições! Com que simplicidade teria demonstrado que o homem é bom por natureza, e que são apenas as instituições que o tornam mau. Tudo o que pude guardar acerca da abundância das grandes verdades que me iluminaram [*durante um quarto de hora*] debaixo daquela árvore ficou esparso de maneira bem fraca em meus [*três*] escritos principais. [A saber, nesse primeiro *Discurso*, no *Discurso sobre a origem da desigualdade* e no *Tratado sobre a educação*]."[10] Quando Rousseau escreveu essa carta, o fato relatado já havia acontecido há mais de uma década, mas sentimos em cada palavra como a lembrança continua tocando-o e comovendo-o com força total. Na realidade, foi esse momento que decidiu o seu destino pessoal como pensador. A pergunta, diante da qual se viu colocado de repente, concentrou em um ponto todas as dúvidas que o haviam impressionado até então. Tal como uma torrente de lava incandescente, irrompe nele agora a indignação reprimida contra tudo o que a sua época amava e venerava, contra os ideais de vida e de forma-

---

10 "Seconde Lettre à Malesherbes", Montmorency, 12 de janeiro de 1762 [Hachette, X, p.301-2]. A veracidade interior desta descrição impõe-se de imediato – e diante dela perde toda a importância o relato de Diderot de que foi *ele*, numa conversa, quem sugeriu a Rousseau a ideia básica de sua dissertação sobre a questão do concurso da Academia de Dijon. Pode se tratar aqui de um mal-entendido de Diderot ou de um lapso de memória. Para maiores detalhes a respeito desta questão ver [John] Morley, *Diderot and the Encyclopaedists*, 1878, New edition, London, 1932, v.I, p.112ss.

ção do século XVIII. Há muito, Rousseau sentia uma estranheza em relação a esses ideais – mas ainda não tinha praticamente ousado confessar isso a si mesmo, e muito menos dar-lhe uma expressão visível. O brilho da cultura espiritual, em cujo centro ele se encontrava, ainda o deslumbrava; a amizade com os líderes do movimento intelectual, Condillac e Diderot, ainda o retinha.

Aí então desmoronam todos esses diques erguidos com esforço. Uma nova paixão moral desperta nele – e ao mesmo tempo provoca-lhe inexoravelmente uma torrente de novas ideias. A tensão interior sentida por ele até então como algo sombrio e escuro torna-se agora um saber claro e seguro. Num átimo, seus sentimentos tornaram-se límpidos e perspicazes. Rousseau *vê* agora onde se encontra; não apenas sente, mas também julga e condena. Ele ainda não consegue dar a esse julgamento a roupagem do conceito filosófico e da fundamentação filosófica. Considerando do ponto de vista filosófico sistemático a sua resposta à pergunta do concurso da Academia de Dijon, evidenciam-se a todo momento as fraquezas e as lacunas da argumentação. Mais tarde, ao recordar-se de sua obra filosófica de estreia, o próprio Rousseau não dissimulou essas fraquezas. Numa nota prévia a uma edição posterior do *Discurso*, ele ressalta a ironia trágica ali presente afirmando que justamente uma obra, que no tocante ao conteúdo interno não podia se comparar a nenhum de seus escritos posteriores, estabeleceu o verdadeiro fundamento para sua fama literária. Na realidade, o primeiro *Discurso* representa no conjunto dos escritos de Rousseau uma obra-prima retórica singular, mas em muitos aspectos também não passa de uma mera peça de ostentação retórica. E esta retórica perdeu o seu poder; ela não exerce mais sobre nós a mesma autoridade irresistível que exerceu sobre os seus contemporâneos. Mas pouco importa como nos comportamos em relação a ela e aos passos isolados da argumentação de Rousseau: a veracidade do seu sentimento interior impõe-se também a nós em cada frase do *Discurso*. A ansiedade para se despojar de todo saber opressivo e se livrar de todo peso e de toda ostentação do conhecimento, a fim de reencontrar o caminho para as formas naturais e simples de existência, continua viva em cada palavra. A ética de Rousseau insere-se neste pensamento e neste sentimento fundamental. "Oh! virtude!, ciência sublime das almas simples, serão necessários, então, tanta pena e tanto aparato para reconhecer-te? Teus princípios não estão gravados em todos os corações? E não bastará, para aprender tuas leis, voltar-se sobre si mesmo e ouvir a voz da consciência no silêncio das paixões? Esta é a verdadeira filosofia; saibamos contentar-nos com ela sem invejar a glória desses homens célebres que se imortalizam na república das letras."[11]

Neste sentido, *quando* Rousseau exige o "retorno à natureza" – quando distingue entre o que o ser humano é e aquilo em que se tornou artificialmente –, ele não tira o direito a este confronto do conhecimento da natureza, nem do conhecimento da história. Os dois fatores possuem para ele um significado absolutamente secundário. Ele não é nem historiador, nem etnólogo – e considera uma ilusão estranha ter esperança de mudar o ser humano com discernimentos desta espécie, e de poder aproximá-lo de seu "estado natural".

Rousseau não foi o único nem o primeiro no século XVIII a cunhar o lema: "Volta à natureza". Ao contrário, ele era ouvido por todo lado nas mais diferentes variações. Recolhiam-se com fervor todas as descrições dos costumes dos povos primitivos; cada vez mais se procurava enriquecer a própria visão das formas de vida primitivas. E de mãos dadas com esse novo saber criado essencialmente a partir de relatos de viagens surge um novo sentimento. Diderot reporta-se a um relato sobre sua viagem aos mares do sul a fim de celebrar num arroubo lírico a simplicidade, a inocência e a felicidade dos povos primitivos de Bougainville.[12] E a *Histoire philosophique et politique des établissemens et du commerce des Européens dans les deux Indes*" (1772) de Raynal tornou-se, no século XVIII, uma fonte inesgotável de conhecimento de estados "exóticos" e de sua exaltação entusiástica. Quando Rousseau escreveu o *Discurso sobre a origem da desigualdade*, este movimento já estava em pleno curso, mas ele próprio quase não se mostra tocado por ele. Logo no início

---

11 [*Discours sur les sciences et les arts*, Segunda Parte (Hachette, I, p.20).]
12 Diderot, *Supplément aux voyages de Bougainville* (escrito em 1772).

desse escrito, declara de maneira inequívoca que não pretendeu nem pôde fazer uma descrição de um estado primitivo da humanidade historicamente demonstrável. "Comecemos então por afastar todos os fatos, pois eles não interessam à nossa questão. Não se pode considerar como verdades históricas as pesquisas que se pode fazer sobre esse assunto, mas apenas como raciocínios hipotéticos [e condicionais] mais apropriados a esclarecer a natureza das coisas que a demonstrar a sua verdadeira origem."[13] A "natureza das coisas" está presente em toda parte; para entendê-la não precisamos retroceder através dos séculos em direção aos testemunhos incertos e parcos da pré-história. Quem fala de "estado natural" fala – como Rousseau afirma no prefácio do Discurso sobre a origem da desigualdade – de um estado que não existe mais, que talvez jamais existiu e provavelmente nunca existirá e do qual, não obstante, devemos ter uma ideia exata a fim de julgar corretamente o nosso estado atual.[14]

E o caminho em direção aos tempos primitivos pode nos ajudar tão pouco quanto a ampliação do horizonte espaço-geográfico. Todos os dados que podemos recuperar aqui não passam de testemunhas mudas se não descobrirmos em nós mesmos o meio para levá-las a falar. Não se pode criar o verdadeiro saber do homem a partir da etnografia ou da etnologia. Existe somente uma fonte viva para este saber: a fonte do autoconhecimento e da autorreflexão. E foi única e exclusivamente a ela que Rousseau também se referiu – e dela pretendeu obter todas as provas para os seus princípios e proposições iniciais. Para distinguir o "homme naturel" do "homme artificiel", não precisamos retroceder a épocas há muito passadas e desaparecidas – nem fazer uma viagem ao redor do mundo. Cada um traz em si o verdadeiro arquétipo – mas sem dúvida quase ninguém conseguiu descobri-lo sob o seu invólucro artificial, sob todos os acessórios arbitrários e convencionais e trazê-lo à luz.

É desta descoberta que Rousseau se vangloria e que ele reivindica, perante sua época, como o seu verdadeiro mérito. Contra a

---
13 [Hachette, I, p.83.]
14 [Hachette, I, p.79.]

erudição, o saber e as teorias filosóficas, políticas e sociológicas da época, ele nada mais tem a opor a não ser o simples enunciado de sua autoconsciência e de sua própria experiência. Assim está formulado no escrito *Rousseau juge de Jean-Jacques*, "de onde o pintor e apologista da natureza [*hoje tão desfigurada e caluniada*] teria podido tirar seu exemplo? Será que ele não o encontrou em seu próprio coração? Ele descreveu esta natureza tal como a sentia em si mesmo. Os preconceitos que não o tinham subjugado, as paixões artificiais das quais não fora vítima – eles não ofuscaram os seus olhos como os dos outros, para os primeiros traços da humanidade geralmente tão esquecidos e incompreendidos [...] Numa palavra: foi necessário que um homem se retratasse a si mesmo para nos mostrar o homem natural – e se o autor não tivesse sido tão singular quanto seus livros, ele jamais os teria escrito. Mas onde existe ainda esse homem da natureza que vive uma vida verdadeiramente humana; que não leva em consideração a opinião dos outros, e que se deixa levar pura e simplesmente por suas inclinações e sua razão, sem atentar para o que a sociedade e o público aprova ou censura? Procuramo-lo em vão entre nós. Em toda parte apenas um verniz de palavras: em toda parte apenas a ambição por uma felicidade que existe simplesmente na aparência. Ninguém se importa mais com a realidade; todos colocam a sua essência na aparência. Vivem como escravos e bufões de seu amor-próprio – não para viver, mas fazer os outros acreditarem que eles vivem".[15]

Com essas palavras e com as convicções nelas expressas, Rousseau parece professar um individualismo desmedido – parece atirar para longe, indignado, o fardo e o peso da sociedade de uma vez por todas. E todavia apreendemos até agora apenas um polo de seu ser e apenas um alvo de seu pensamento. Logo depois de redigir o *Discurso sobre a origem da desigualdade* ocorre neste pensamento uma reviravolta quase incompreensível. Vemo-nos agora levados a uma peripécia que continua despertando o assombro de todos os intérpretes. Rousseau torna-se autor do *Contrato social*: escreve justamente para aquela sociedade, que ele repudiara e descrevera como causa de toda perversão e de toda infelicidade da humanidade, o seu código de leis. E como é esse código? Era de esperar

---

15 *Rousseau juge de Jean-Jacques*, Terceiro Diálogo. [Hachette, IX, p.288.]

que ele estabelecesse limites para a sociedade tão amplos quanto possível – que delimitasse e restringisse suas atribuições tão cuidadosamente de modo a rechaçar todo ataque à individualidade. Mas Rousseau nem de longe pensa numa tal "tentativa de determinar os limites da atuação do Estado".[16] O *Contrato social* anuncia e glorifica um absolutismo totalmente livre da vontade estatal. Toda vontade individual e particular se quebra diante do poder da "*volonté générale*". O ingresso no Estado já pressupõe a completa renúncia a todos os desejos particulares. Não nos entregamos ao Estado e à sociedade sem nos entregarmos inteiramente a ambos. Só se pode falar de uma verdadeira unidade do Estado se os indivíduos se integram nesta unidade e desaparecem nela. Neste caso não há ressalva possível: "*l'aliénation se faisant sans réserve, l'union est aussi parfaite qu'elle peut l'être, et nul associé n'a plus rien à réclamer*".[17] E essa onipotência do Estado de modo algum se detém diante das ações dos homens; ela reivindica para si também as convicções deles revestindo-as com a coação mais implacável. Civiliza-se e socializa-se também a religião. O final do *Contrato social* aborda a implantação da "*religion civile*", absolutamente obrigatória para todos os cidadãos. No tocante àqueles dogmas sem nenhuma importância para a forma de vida coletiva, ele deixa ao indivíduo toda a liberdade, mas estabelece de maneira bem mais rígida uma série de artigos de fé que não admitem dúvidas, cuja pena é a expulsão do Estado. Destes artigos de fé faz parte a fé na existência de um Deus onipotente e de infinita bondade, a fé na Providência e a fé numa vida e numa recompensa futuras. Não seria um julgamento implacável demais quando Taine, em seu *Origines de la France contemporaine*, chama o *Contrato social* de uma glorificação da tirania, classificando o Estado de Rousseau como um cárcere e um convento?[18] Parece impossível solucionar

---

16 [Esta é uma alusão ao ensaio de Wilhelm von Humboldt "Ideen zu einem Versuch, die Grenzen des Wirksamkeit des Staats zu bestimmen" (terminado em 1792 e publicado postumamente em 1851).]
17 *Contrato social*, Livro I, Capítulo vi [Hachette, III, p.313]. ["Fazendo-se a alienação incondicionalmente, a união será tão perfeita quanto poderia ser, e a nenhum associado restará nada a reclamar." Grifos acrescentados por Cassirer.]
18 [*L'Ancien Régime* (Hachette, 1896, p.319, 321, 323 e *passim*).]

esta contradição fundamental – e de fato a maioria dos intérpretes ficou desesperada com isto.[19] Obras conhecidas da literatura sobre Rousseau – cito apenas alguns nomes: Morley, Faguet, Ducros, Mornet – explicam categoricamente que o *Contrato social* extrapola o conjunto da obra de Rousseau e contém uma completa ruptura com as convicções filosóficas das quais adveio originalmente essa obra. Mas mesmo admitindo que uma tal ruptura tenha sido possível, como explicar que tenha escapado tão completamente ao próprio Rousseau? Pois até numa idade avançada Rousseau não se cansou de defender e afirmar a unidade de sua obra. Para ele, o *Contrato social* não é uma dissidência daquelas ideias fundamentais que tinha defendido em seus dois escritos sobre as questões do concurso da Academia de Dijon; ao contrário, é a continuação lógica, a realização e o aperfeiçoamento deles.

Jamais – frisa o escrito *Rousseau juge de Jean-Jacques* – o ataque à arte e à ciência teve o objetivo de lançar a humanidade de volta à sua primeira barbárie. Ele jamais teria podido conceber um plano assim tão estranho e quimérico. "Nos seus primeiros escritos tratava-se de destruir a ilusão que nos enche de uma admiração tão tola pelos instrumentos de nosso infortúnio; tratava-se de corrigir aquela avaliação ilusória que nos faz cumular de honras talentos perniciosos e desprezar virtudes benéficas. Em toda parte, ele nos mostra que a espécie humana em seu estado original era melhor [*mais sábia*] e foi mais feliz – e que se tornou cega, infeliz e má à medida que se afastou dele [...] Mas a natureza humana não caminha para trás – e jamais se pode retornar novamente à época da inocência e da igualdade quando já se afastou dela uma vez. Foi justamente nesse princípio que ele insistiu reiteradamente [...] Acusaram-no obstinadamente de querer destruir a ciência, aniquilar as artes [...] e mergulhar a humanidade novamente em sua primeira

---

19 Contudo, a *unidade* da obra de Rousseau foi defendida na literatura recente, sobretudo por Hubert, que vê não no *Discurso sobre a origem da desigualdade*, mas no *Contrato social* o centro e o foco principais da obra de Rousseau. (*Rousseau et l'Encyclopédie: essai sur la formation des idées politiques de Rousseau*, Paris, 1928). Esta unidade também é defendida, entre outros, por Schinz, *La pensée de Jean-Jacques Rousseau*, Paris 1929, e por Lanson, op. cit. [*Histoire de la littérature française*]. Cf. nota 3.

barbárie; muito pelo contrário, ele sempre insistiu na conservação das instituições existentes explicando que a destruição delas manteria vivos os vícios e eliminaria somente os meios para a sua atenuação e abrandamento, e que apenas substituiria a corrupção pela violência desenfreada."[20] Como se pode combater a ambos os males no atual estágio da humanidade no qual todo nosso trabalho deve começar se não quisermos que permaneça vazio e ilusório? Como poderemos construir uma comunidade humana autêntica e verdadeira sem nos entregarmos aos males e à perversão de uma sociedade convencional? Esta é a questão que o *Contrato social* se coloca. O retorno à simplicidade e à felicidade do estado natural nos está vedado – mas o caminho para a *liberdade* permanece aberto, e ele pode e deve ser percorrido.

Neste ponto, contudo, necessita-se de uma interpretação para pisar um terreno difícil e escorregadio. Pois de todos os conceitos de Rousseau, o seu conceito de liberdade é o que passou pelas interpretações mais diversas e mais contraditórias. Nesta disputa de quase dois séculos travada em torno dele, este conceito perdeu quase completamente a sua determinação. Foi puxado ora para cá ora para lá, pelas facções do ódio e da benevolência; tornou-se um mero *slogan* político que cintila hoje em todas as cores e foi colocado a serviço dos mais diferentes objetivos da luta política.

Mas pode-se afirmar que o próprio Rousseau não tem nenhuma culpa dessa pluralidade de significados e dessa confusão. Ele definiu com clareza e segurança o sentido específico e o verdadeiro significado fundamental de sua ideia de liberdade. Para ele, liberdade não significa arbítrio, mas a superação e a exclusão de todo arbítrio. Ela se refere à ligação a uma lei severa e inviolável que eleva o indivíduo acima de si mesmo. Não é o abandono desta lei e o desprender-se dela, mas a concordância com ela o que forma o caráter autêntico e verdadeiro da liberdade. E ele está concretizado na *"volonté générale"*, na vontade do Estado. O Estado requer o

---

20 *Rousseau juge de Jean-Jacques*, Terceiro Diálogo. [Hachette, IX, p.287.] [A tradução, "instrumentos de nosso infortúnio", segue a edição alemã de Cassirer. Na edição de Rousseau utilizada por Cassirer deveria constar *misères* onde a edição Hachette traz *lumières*.]

indivíduo inteiramente e sem ressalvas. Ao fazer isso, não atua aí como instituição coerciva, mas apenas põe sobre o indivíduo uma obrigação que considera válida e necessária, e aprovando-a por isso tanto por causa dela mesma quanto por sua própria causa.

Aí reside o núcleo de todo o problema político-social. Não se trata de libertar e emancipar o indivíduo no sentido de que ele seja expelido da forma e da ordem da comunidade; ao contrário, trata-se de encontrar uma forma comunitária que proteja com toda a força concentrada da associação estatal a pessoa de cada indivíduo, e o indivíduo, unindo-se aos outros, obedeça apenas a si mesmo, apesar de fazer parte dessa união. "Cada qual dando-se a todos, não se dá a ninguém; e como não existe um membro da comunidade sobre o qual não se adquira o mesmo direito que lhe foi cedido, cada qual ganha o equivalente de tudo o que perde e uma força maior para conservar o que tem."[21] "Enquanto os cidadãos estiverem submetidos apenas a essas convenções eles não obedecem a ninguém mais, a não ser à sua própria vontade."[22] Desse modo, porém, eles renunciam à independência do estado natural, à *indépendance naturelle* –, mas eles a trocam pela verdadeira liberdade que consiste na ligação de todos com a lei.[23] E somente assim eles se tornaram indivíduos no sentido mais elevado, personalidades autônomas. Rousseau não hesita agora nenhum momento em elevar esse conceito moral da personalidade bem acima do mero estado natural. Neste caso, suas palavras são de uma agudeza e de uma clareza inequívocas das quais quase não o julgaríamos capaz, ele que é considerado adorador cego do "homem primitivo". Embora o homem ao ingressar na sociedade se prive de diversas vantagens que possui no estado natural, em compensação ele ganha um tal desenvolvimento de suas capacidades, um tal despertar de suas ideias e um tal enobrecimento de seus sentimentos que se não existissem os abusos desta nova ordem que frequentemente o degradam,

---

21 *Contrato social*, Livro I, Capítulo vi. [Hachette, III, p.313.]
22 Ibidem, Livro II, Capítulo iv. [Hachette, III, p.323.]
23 Ibidem. [Na edição original do texto de Cassirer, as aspas e fontes de referência desta e das duas citações precedentes estão ligeiramente mal colocadas. Os erros, provavelmente tipográficos, foram corrigidos aqui.]

mantendo-o abaixo do estado natural, ele deveria abençoar incessantemente o momento feliz que o arrancou para sempre desse estado, transformando-o de um animal estúpido e limitado num ser inteligente e num homem.[24]

Desse modo, a tese que o *Discurso sobre a origem da desigualdade* parecia defender é definitivamente abandonada. Pois aqui o ingresso no reino da espiritualidade assemelhava-se ainda a uma espécie de abandono do estado feliz da natureza e a uma perversão biológica. O homem que medita é um animal depravado: "*l'homme qui médite est un animal dépravé*".[25] E do mesmo modo, na dissertação sobre as artes e as ciências ele havia expressado que a natureza intenta preservar o homem do saber – semelhante a uma mãe cuidadosa que arranca das mãos do filho uma arma perigosa.[26] Será que para Rousseau isso tudo estaria então perdido e esquecido? Será que ele optou incondicionalmente pelo "espírito" e contra a natureza, e se entrega sem hesitar a todos os seus perigos que ele próprio viu tão claramente e expressou de maneira tão irreverente? E o que essa nova mudança pode explicar e justificar? Só podemos encontrar essa explicação se acharmos o termo médio correto. O saber – é este o entendimento que Rousseau adquiriu agora – não apresenta perigo desde que não se eleve simplesmente acima da vida e se afaste dela, mas queira servir à própria ordem da vida. Ele não pode exigir para si nenhuma primazia, pois no reino dos valores espirituais é à vontade moral que cabe a primazia.

Assim, também na ordem da comunidade humana, a configuração clara e segura do mundo da vontade deve preceder à estruturação do mundo do saber. O homem precisa encontrar a lei clara e firme primeiramente em si mesmo antes de perguntar pelas leis do mundo, pelos objetos exteriores, e investigá-los. Uma vez resolvida essa questão primeira e mais urgente, uma vez que o espírito na ordem do mundo socioestatal atingiu a verdadeira liberdade – aí então ele também pode ser seguramente entregue à liberdade da

---

24 Ibidem, Livro I, Capítulo viii. [Hachette, III, p.315-6.]
25 *Discurso sobre a origem da desigualdade*, Primeira Parte. [Hachette, I, p.87.]
26 "Primeiro Discurso" [*Discours sur les sciences et les arts*], Primeira Parte (final). [Hachette, I, p.10.]

investigação. O saber agora não ficará mais à mercê do mero *raffinement*; não afrouxará nem amolecerá os homens. Foi apenas uma ordem ética equivocada das coisas que conduziu o saber para esta direção e transformou-o em mero refinamento intelectual, numa espécie de luxo espiritual. Ele retornará por si mesmo ao seu caminho correto se este entrave for eliminado. A liberdade espiritual não rende nada ao homem sem a liberdade moral; esta, porém, não pode ser alcançada sem uma mudança radical da ordem social que extingue todo arbítrio proporcionando a vitória apenas à necessidade interna da lei.

Este hino à lei e à sua validade geral incondicional perpassa todos os escritos políticos de Rousseau – mas sem dúvida foi justamente esse ponto que causou os maiores e mais frequentes mal-entendidos. Neste caso, apenas um viu clara e corretamente a conexão interna de suas ideias, apenas Kant tornou-se exatamente neste ponto um discípulo e admirador de Rousseau. A interpretação e a concepção habitual de Rousseau, contudo, tomaram uma outra direção, exatamente oposta. Já no século XVIII, as concepções e interpretações defrontaram-se bruscamente: tal como Kant, é a *época em que se exalta o gênio (genieperiode)* que o coloca à frente de todos tornando-o o patrono de sua interpretação da liberdade. A liberdade, então, é conclamada a agir *contra* a lei; assim, seu sentido e meta consiste em desprender o homem da pressão e da coação das leis. "Querem que eu aperte o meu corpo num espartilho" – apregoa Karl Moor – "e até a minha vontade às leis. A lei fez degenerar-se num passo de caracol o que teria sido um vôo de águia. A lei ainda não formou nenhum grande homem, mas a liberdade gera pessoas colossais e excepcionais."[27]

Essa disposição da *"Sturm und Drang"* (tempestade e ímpeto), porém, não é a disposição moral básica de Rousseau. Para ele, a lei não é adversária e rival da liberdade – ao contrário, só ela pode nos dar a liberdade e garanti-la de fato. Depois de seus primeiros escritos políticos, essa concepção fundamental consolida-se para Rousseau. Isso aparece expresso de maneira inequívoca no "Discours sur l'économie politique" que Rousseau

---

27 [Friedrich Schiller, *Die Räuber*, Ato I, Cena 2.]

escreveu para a *Enciclopédia*. "É apenas à lei que o homem deve a justiça e a liberdade; é este órgão [*salutar*] da vontade de todos que restabeleceu na ordem do direito a igualdade natural entre os homens; esta voz divina dita para cada cidadão as normas da razão pública ensinando-o a agir segundo as máximas de seu próprio julgamento e não cair em contradição consigo mesmo."[28] Por outro lado, essa dependência comum em relação à lei, porém, é também de fato a única razão legal para toda a dependência social. Toda coletividade política está internamente doente sempre que exigir obediência de outro tipo. A liberdade está aniquilada quando se impõe a submissão à vontade de um indivíduo ou de um grupo dominante, que por sua vez nada mais é que uma união de indivíduos. O único poder "legítimo" é o poder que exerce o princípio da legitimidade como tal e *a ideia da própria lei* sobre as vontades individuais. Essa ideia requer o indivíduo apenas como membro da comunidade, como órgão coparticipante da vontade geral, mas não em sua essência e existência particular. Não se pode conceder nenhum privilégio especial a um indivíduo enquanto indivíduo, ou a uma classe especial; não se pode exigir dele nenhum desempenho especial. Neste sentido, a lei não pode reconhecer qualquer "prestígio pessoal". Assim, uma ligação que pretende ligar não a todos simplesmente, mas apenas este ou aquele anula-se a si própria. Não pode, nem deve haver nenhuma exceção no interior do direito e em virtude do direito; ao contrário, toda determinação excepcional à qual cidadãos isolados ou determinadas classes estão submetidos significa *eo ipso* a aniquilação da ideia de direito e de Estado: a dissolução do pacto social e a recaída no estado natural, que neste contexto se caracteriza como puro estado de violência.[29]

Neste sentido, a verdadeira tarefa fundamental do Estado, ao invés da desigualdade física entre os homens, que é irrevogável, é estabelecer a igualdade jurídica e moral.[30] Não se pode evitar a de-

---

28 ["Economie politique" (Hachette, III, p.283). Este artigo, originalmente publicado na *Encyclopédie* de Diderot, é também conhecido como "Discours sur l'économie politique".]
29 *Contrato social*, Livro II, Capítulo iv. [Hachette, III, p.321-3.]
30 Ibidem, Livro I, Capítulo ix. [Hachette, III, p.317-8.]

sigualdade física – e tampouco lamentá-la. A ela, Rousseau acrescenta também a desigualdade da propriedade que, puramente como tal, enquanto distribuição diferenciada dos bens, desempenha para ele apenas um papel acessório e secundário. O *Contrato social* não desenvolveu em parte alguma ideias verdadeiramente comunistas. A desigualdade da propriedade é para ele uma adiaforia [*uma questão desprovida de significado moral*], um fato que o homem pode aceitar, do mesmo modo que tem de aceitar a distribuição diferente das habilidades e forças físicas e dos dons espirituais. Aqui, o reino da liberdade tem a sua fronteira e começa o reino do destino.

Em parte alguma o Estado é concebido por Rousseau como mero Estado de bem-estar social; para ele o Estado não é simplesmente o "distribuidor de bem-aventurança", como para Diderot e a maioria dos enciclopedistas. Por isso, não garante ao indivíduo a mesma proporção de bens, mas assegura-lhe exclusivamente a proporção equilibrada de direitos e deveres. Por conseguinte, está autorizado e habilitado a intervir na propriedade à medida que a disparidade da posse coloque em perigo a igualdade dos sujeitos jurídicos – e condene classes isoladas de cidadãos à completa dependência econômica ameaçando assim tornar-se um joguete nas mãos dos ricos e poderosos. Neste caso, o Estado pode e deve intervir: através de leis apropriadas, como por exemplo, através de determinadas restrições à sucessão dos herdeiros, ele deve tentar produzir um equilíbrio das forças econômicas. A exigência de Rousseau não vai além disso.

Mas ele considera como a verdadeira característica, e de certo modo o estigma da sociedade de outrora, o fato de que ela em toda parte se serviu da desigualdade econômica para, baseado nela, instituir o despotismo e a tirania política mais implacável. Rousseau apropriou-se inteiramente das palavras duras de Thomas Morus segundo o qual o que chamamos até agora de Estado não passa de uma conspiração dos ricos contra os pobres. "Vocês precisam de mim", um diz ao outro, "pois sou rico e vocês são pobres. Vamos então fazer um contrato entre nós: eu lhes darei a honra de poderem me servir sob a condição de que me deem o pouco que ainda lhes resta por eu estar tendo o incômodo de comandá-los".[31] Rous-

---

31 ["Economie politique" (Hachette, III, p.301).]

seau não se rebela contra a pobreza como tal; na verdade, o que ele combate e o que ele persegue com crescente exasperação é a privação dos direitos morais e políticos: uma consequência inevitável na atual ordem social. "As vantagens da sociedade não são todas dos poderosos e dos ricos? Os cargos rendosos não são todos a eles destinados? As honrarias e os privilégios não são todos reservados a eles? A autoridade do Estado não está sempre à disposição deles? Quando um homem de posição rouba seus credores ou comete outras imposturas, ele então não tem certeza da impunidade? As trapaças que faz, os atos de violência que comete, mesmo homicídios e assassinatos, não o tornam culpado; tais coisas são encobertas e, depois de seis meses, ninguém fala mais delas. Mas se este mesmo homem for roubado, toda a polícia é imediatamente acionada e ai do infeliz sobre o qual ele lançar sua suspeita. Se ele precisa passar por um local perigoso, uma escolta vai logo na frente; se a sua liteira quebrar, todos acorrem em sua ajuda [...] Se um carroceiro aparecer no seu caminho, logo se preparam para assassiná-lo – e é mais provável os cinquenta pedestres honestos ocupados com seus negócios serem empurrados para o lado e esmagados, do que um vadio descer de sua carruagem e fazer uma rápida parada. Todas essas deferências não lhe custam um centavo sequer; são o direito do homem rico e não o preço da riqueza."[32]

O próprio Rousseau conheceu todo o amargor da pobreza, mas sempre se armou de uma serenidade estóica contra todas as privações físicas. Por outro lado, o que ele jamais aprendeu a suportar foi a dependência da vontade dos preceitos e das arbitrariedades alheias. E neste ponto começa então o seu ideal de Estado, bem como o seu ideal de educação. A ideia fundamental do *Emílio* é de que não se deve eliminar nenhuma dificuldade física da aprendizagem do pupilo que se quer educar para a independência da vontade e do caráter – e que não se deve poupá-lo de nenhum sofrimento, esforço ou privação. A única coisa da qual se deve cuidadosamente protegê-lo é da imposição violenta de uma vontade alheia – de um preceito que ele não entende em sua necessidade.

---

32 "Discours sur l'économie politique", in: *Oeuvres*, Zweibrücken [Deux--Ponts], 1782, I, p.237ss. [Hachette, III, p.300.]

Desde a mais tenra infância, ele deve conhecer a coação das coisas, e aprender a curvar-se diante dela, mas deve ser poupado da tirania dos homens. A partir desta ideia básica pode-se entender também inteiramente a tendência da doutrina de Rousseau do Estado e da sociedade. Pois na verdade, o seu objetivo essencial reside em colocar o indivíduo sob uma lei universalmente obrigatória para todos, mas também em formar esta mesma lei de tal modo que desapareça dela qualquer traço de capricho ou de arbitrariedade. Devemos aprender a curvar-nos diante da lei da comunidade tal como nos curvamos diante da lei da natureza; não devemos nos submeter através dela a um preceito autoritário alheio, mas obedecê-la porque a entendemos em sua necessidade. Isto só é possível se compreendermos esta lei como uma lei com a qual precisamos estar interiormente de acordo, e se pudermos nos apropriar de seu sentido e acolher este sentido em nossa própria vontade.

Desse modo, porém, faz-se ao Estado uma nova exigência e apelo que praticamente não era ouvida com tal acuidade e determinação desde a época de Platão. Pois a sua tarefa essencial, que deve preceder a toda dominação e servir-lhe de base, é a tarefa da educação. Ele não se dirige simplesmente aos sujeitos já existentes e dados da vontade, mas a sua primeira intenção reside em *criar* os sujeitos corretos aos quais pode lançar o seu apelo. Sem esta maneira de formação da vontade, todo domínio sobre ela será ilusório e fútil.

Muitas vezes fez-se contra a teoria do contrato, em geral, e contra o *Contrato social* de Rousseau, em particular, a objeção de que seria uma teoria atomístico-mecanicista e que consideraria a vontade geral do Estado como um mero conjunto composto das vontades de todos os indivíduos. Mas essa censura subestima o aspecto essencial da intenção básica de Rousseau. Considerando de maneira puramente formal, ele sem dúvida empenhou-se bastante em diferenciar com clareza e segurança a *"volonté générale"* da *"volonté de tous"* – e no *Contrato social* não são poucos os trechos nos quais parece que se pode determinar o conteúdo da vontade geral de maneira puramente quantitativa e calculá-lo através da simples contagem dos votos individuais. Neste caso, existem sem dúvida falhas na realização – mas essas falhas não dizem respeito ao núcleo das ideias fundamentais de Rousseau.

Pois Rousseau de modo algum vê no Estado uma mera "associação", uma comunidade de interesses e nem um equilíbrio dos interesses de vontades isoladas. O Estado não é, segundo ele, um mero sumário empírico de determinados impulsos e inclinações, de determinadas "veleidades", mas é a forma na qual a vontade, enquanto vontade moral, realmente existe – na qual a passagem da mera arbitrariedade para a vontade pode se concretizar. A lei em seu sentido puro e rigoroso não é um fio que se junta de maneira puramente exterior às vontades individuais impedindo que se separem; ela é, ao contrário, o seu princípio constitutivo; é o que as fundamenta e justifica espiritualmente. Ela pretende dominar os cidadãos à medida que, em cada ato individual, ao mesmo tempo os torna cidadãos e os educa para serem cidadãos.

Essa tarefa ideal, e não a felicidade e o bem-estar do indivíduo, é o verdadeiro "telos" (finalidade) do Estado. Mas para apreendê-la em sua essencialidade é preciso, porém, erguer-se acima de todas as formas empírico-históricas da comunidade política existentes até agora. E não se deve esperar uma verdadeira fundamentação do Estado de uma comparação destas formas, nem de sua classificação e estruturação conceitual, como por exemplo Montesquieu tentou em seu *Espírito das leis*. Rousseau protesta veementemente contra um tal procedimento empírico-abstrato. "À primeira vista, as instituições humanas parecem fundadas sobre nada mais nada menos que areia movediça. Somente depois de examiná-las mais de perto e afastar toda a poeira e entulho que cerca o edifício é que se descobre o fundamento inabalável sobre o qual ele está construído, e se aprende a considerar seus alicerces."[33] Até agora, a humanidade foi bem mais possuída pelo Estado do que lhe deu forma livremente e manifestou nele a ordem adequada a si mesma. A necessidade impeliu-a ao Estado mantendo-a presa a ele – bem antes que ela pudesse entender interiormente e compreender a necessidade dele.

Mas agora finalmente trata-se de quebrar esse encanto. O mero Estado imposto pela necessidade deve se tornar o Estado da razão. Tal como Bacon exigiu o *"regnum hominis"* sobre a natureza,

---

33 *Discurso sobre a origem da desigualdade*, Prefácio. [Hachette, I, p.82.]

Rousseau fez a mesma exigência para a verdadeira esfera dos homens, para o Estado e a sociedade. Enquanto abandonamos os dois à mera necessidade física e ao domínio dos afetos e das paixões; enquanto fizemos deles o picadeiro do instinto de poder e de dominação, da ambição e do amor-próprio, toda nova consolidação do Estado tornou-se para o homem apenas um novo flagelo. A forma da sociedade existente até agora sobrecarregou os homens com inúmeros males, envolvendo-os cada vez mais profundamente com o erro e o vício. Mas esse envolvimento não é um destino inevitável ao qual o homem está submetido. Ele pode e deve livrar-se dele ao tomar as rédeas de sua própria história – ao transformar o mero *ter de* em *querer* e em *dever*. É coisa dos homens e está em seu poder transformar em benção a maldição existente até agora sobre todo o desenvolvimento estatal e social. Mas eles só podem resolver essa tarefa depois de se compreenderem e encontrarem a si mesmos.

O *Contrato social* de Rousseau faz dessas duas exigências uma só. Estado e indivíduo devem se encontrar mutuamente; devem crescer e vir a ser um com o outro a fim de se associarem daí em diante de maneira indissolúvel nesse crescimento conjunto. O que Rousseau reconheceu agora é que o homem em si não é nem bom, nem mau, nem feliz, nem infeliz, porque o seu ser e a sua forma dada não são rígidas, mas formáveis. E a força mais importante, essencialmente plástica, ele a vê encerrada na comunidade. Ele reconhece agora que essa nova humanidade pela qual anseia permanecerá um sonho, enquanto não conseguir transformar radicalmente o Estado.

Desta maneira, apesar de todos os antagonismos aparentes, o *Discurso sobre a origem da desigualdade* e o *Contrato social* coadunam-se e complementam-se. Ambos contradizem-se tão pouco que só se pode explicar um a partir do outro e um através do outro. Quem considera o *Contrato social* um corpo estranho na obra de Rousseau, não compreendeu a organicidade espiritual dessa obra. Todo interesse de Rousseau e toda a sua paixão fazem parte de um modo ou de outro da doutrina do homem, mas ele compreendeu agora que a questão "o que o homem é" não pode ser separada da questão "o que ele deve ser".

Neste sentido, ele próprio descreveu certa vez nas *Confissões* o seu desenvolvimento interior de maneira inequívoca. "Tinha visto que tudo dependia radicalmente da política e que, como quer que se posicione, todo povo será sempre apenas aquilo em que a sua forma de governo o transformou. Desse modo, a grande questão acerca da melhor forma de governo possível parecia-me reduzir-se a esta: qual é a natureza do governo apropriado para formar o povo mais virtuoso, esclarecido e sábio, em resumo, tão perfeito quanto possível no sentido mais elevado da palavra?"[34] E essa questão nos leva de volta à outra, ainda que diferente: qual é a forma de Estado que, em virtude da sua natureza, realiza em si, da maneira mais perfeita, o puro domínio da lei?[35]

Essa tarefa ética que Rousseau atribui à política – e esse imperativo ético ao qual ele a subordina – é o seu ato verdadeiramente revolucionário. E com ele permanece sozinho em seu século. Não é de modo algum o único, nem o primeiro que percebeu e expressou abertamente os graves danos políticos e sociais da época. Em meio ao período áureo de Luís XIV, esses danos foram reconhecidos e assinalados da maneira mais aguda pelos espíritos mais nobres e profundos da época. Neste caso, Fénelon saiu na frente; outros como Vauban, Boulainvilliers, Boisguillebert o seguiram.[36] O século XVIII retomou esse movimento com Voltaire, Diderot, Holbach, e continuou-o. Em toda parte predomina uma autêntica e forte vontade de reforma; em toda parte fazem-se as críticas mais impiedosas ao *Ancien Régime*. Entretanto, essa vontade reformadora não se eleva exterior nem interiormente em exigências revolucionárias. Os pensadores do círculo enciclopedista querem corrigir e melhorar, mas quase nenhum deles acredita na necessidade ou na possibilidade de uma transformação radical e de uma reformulação do Estado e da sociedade. Eles se dão por satisfeitos se for possível acabar com os maiores abusos e conduzir gradualmente a humanidade para situações políticas melhores.

---

34 *Confissões*, Livro IX (início). [Hachette, VIII, p.288-9.]
35 [Cf.] *Contrato social*, Livro II, Capítulo vi. [Hachette, III, p.325-36.]
36 Sobre este ponto, cf. também a compilação de textos feita por Henri Sée, *Les idées politiques en France au XVIIe siècle* (Paris, 1923).

Todos esses pensadores são eudemonistas convictos, procuram a felicidade dos homens e concordam que essa felicidade só pode ser salvaguardada e realmente fomentada mediante um trabalho lento e perseverante, e mediante tentativas isoladas e progressivas. Não esperam do progresso do entendimento e da cultura intelectual a obtenção de novas formas de vida comunitária – mas acreditam que esse progresso continua reservado apenas aos indivíduos e que, por conseguinte, o impulso para melhorar só pode partir deles. Desse modo, eles se tornam, com todas as suas exigências de liberdade, defensores do "despotismo esclarecido".

Voltaire não se satisfez em proclamar e fundamentar teoricamente suas ideias políticas e sociais. Ele próprio deu sua contribuição; e nas últimas décadas de sua vida exerceu uma influência extremamente ampla e propícia; através de sua intervenção pessoal e do prestígio do qual gozava na Europa, abriu caminho para uma série de reformas importantíssimas. Lutou pela liberdade do indivíduo, pela abolição da escravatura e da servidão, pela liberdade de consciência e de imprensa, pela liberdade do trabalho, por reformas fundamentais no Direito Penal e por melhorias decisivas na carga tributária.[37] Mas não reivindicou uma renovação política radical e não acreditava numa renovação ética radical. Considerava todos esses pensamentos e desejos como sonhos e utopias que sarcasticamente combatia. Acreditava saber e ver que todos esses desejos sonhadores não tornam o homem melhor nem mais sábio, mas apenas envolvem-no mais profundamente ainda em erros e culpas.

> *Nous tromper dans nos entreprises,*
> *C'est à quoi nous sommes sujets.*
> *Le matin je fais des projets,*
> *Et le long du jour des sottises.*[38]

---

[37] Para maiores detalhes, ver G[ustave] Lanson, "La réforme voltairienne de la France" (*Voltaire*, Hachette, 6.ed.), p.180.
[38] [*Oeuvres*, Paris: de M. Beuchot (Paris: Lefèvre, 1834-1840), XXXIII, p.152.
   "Enganarmo-nos em nossos empreendimentos,
   É a que estamos sujeitos,
   De manhã faço projetos.
   E durante o dia bobagens".]

Com essas palavras, Voltaire introduz sua sátira filosófica *Memnon ou La sagesse humaine* (1747). Ela descreve o destino de um homem que certo dia resolve tornar-se um sábio perfeito – não entregar-se a nenhuma paixão, renunciar a todos os prazeres da vida e simplesmente deixar-se guiar pela razão. O resultado dessa decisão é lamentável: Memnon cai em desgraça e em desonra. Um espírito bom que lhe aparece promete-lhe salvação, mas somente com a condição de renunciar de uma vez por todas a seu propósito tolo de ser um sábio perfeito. É essa a disposição básica de Voltaire, que ele registrou na sua obra literária e na filosófica. O sábio não é aquele que se livra de todos os defeitos e fraquezas humanas, mas é aquele que os percebe e utiliza a fim de guiar os homens. "Como é insensato esperar a melhora dos tolos! Oh, filhos da inteligência, façam os bobos realmente de bobos, como convém."[39] A geração seguinte, os mais jovens entre os enciclopedistas, ultrapassou as reivindicações e as ideias políticas de Voltaire. Diderot não permanece no círculo de ideias do despotismo esclarecido; ele desenvolve ideias e ideais expressamente democráticos, e é ingênuo o suficiente para apresentá-las à sua mecenas Catarina II da Rússia, que as rejeita como absurdas.[40] Mas ele também fica nos pormenores; ele também não acredita que seja possível salvar o mundo político-social através de um tratamento radical. Esse oportunismo político designa o verdadeiro espírito do enciclopedismo. Holbach, que em relação à religião e à metafísica tirou conclusões radicais mais amplas e que evoluiu para um ateísmo consequente, não constitui neste caso nenhuma exceção. "Não" – exclama ele num esboço de seu sistema social –, "não, as feridas dos povos não podem se fechar através de convulsões perigosas nem através de lutas, de assassinatos e crimes inúteis. Esses

---

39 [Goethe, "Kophtisches Lied", in: *Gesellige Lieder*:
"*Töricht! Auf Bessrung der Toren zu harren!
Kinder der Klugheit, o habet die Narren
Eben zum Narren auch, wie sich's gehört.*"
40 Sobre a teoria de Estado de Diderot e suas relações com Catarina II, cf. Morley, *Diderot and the Encyclopaedists*, 1878, New edition, London, 1923, v.II, p.90ss.; veja-se também Henri Sée, *Les idées politiques en France au XVIIIe siècle* (Paris, 1920), p.137ss.

remédios são sempre mais cruéis que o mal que se quer eliminar através deles [...] A voz da razão não é nem subversiva nem sanguinária. As reformas que ela propõe são lentas: mas justamente por isso elas são bem mais garantidas."[41] Foi justamente desse cuidado, dessa prudência, dessa ponderação inteligente e cuidadosa de todas as circunstâncias que todo o círculo enciclopedista sentiu falta no sistema político e social de Rousseau.[42] D'Alembert, um matemático genial e um pensador filosófico independente que corporifica em si todos os ideais desse círculo, colocou essa exigência no centro de seu julgamento acerca do *Emílio* de Rousseau. É vão exaltar-se contra o mal; deve-se procurar remédios contra ele, e os remédios que a filosofia pode propor podem não passar de paliativos. "O inimigo avançou demais no país; não se pode mais vencê-lo ou expulsá-lo; trata-se apenas de fazer uma pequena guerra contra ele."[43] De acordo com sua personalidade e seu modo de pensar, Rousseau não estava disposto nem se sentia capacitado para fazer essa pequena guerra, uma *"guerre de chicane"*, como a denominou D'Alembert. Ele também não é um revolucionário de ação – e uma intervenção direta na política sempre esteve longe dele. Ele, o solitário e o esquisito, teme o alvoroço do mercado e o barulho da luta. Entretanto, partiu dele e não dos homens que defenderam e dominaram o espírito público da França da época a reação verdadeiramente revolucionária. Pois ele não se preocupava com o mal isolado, nem procurava remédios isolados; para ele não havia pacto com a sociedade existente, nem tentativa de melhoria que se referisse apenas a sintomas externos. Ele reprova toda solução parcial; para ele, desde o primeiro momento e com qualquer palavra o que importa é o conjunto. Pois, no seu entender, o Estado não traz nem conserva a felicidade, tampouco preserva ou aumenta o poder. À ideia do Estado do bem-estar e do poder, opõe a ideia do Estado de Direito. E neste caso para ele não existe meio-termo; ele conhece apenas ou um ou outro.

---

41 Holbach, *Système social*, [Parte] II, [Capítulo] ii. [(Paris: Niogret, 1822), p.345.]
42 Sobre a relação entre as teorias de Estado de Rousseau e as teorias políticas dos enciclopedistas, cf. a excelente exposição de R[ené] Hubert, *Les sciences sociales dans l'Encyclopédie* (Paris, 1923).
43 D'Alembert, "Jugement d'Emile", in: *Oeuvres* (Paris: Didier, 1853), p.295ss.

Só é capaz de um radicalismo deste tipo um pensador que não é um mero pensador, que não é dominado apenas pela reflexão, mas é impulsionado adiante por um imperativo ético. E, por isso, ele foi o único ético absoluto que o século XVIII produziu; o precursor do "primado da razão prática" foi quase o único que neste aspecto entendeu Rousseau inteiramente. Certa vez, Kant pensou e sentiu autenticamente como Rousseau ao dizer que, quando a justiça não triunfa, não tem mais valor a existência dos homens sobre a terra. O próprio Rousseau, contudo, teoricamente não conseguiu quebrar o encanto do eudemonismo que dominou toda a ética do século XVIII. Desde o princípio, todo o seu pensar é movido pela questão da "felicidade": ele procura uma unidade, uma harmonia entre a virtude e a felicidade.

Para isso pede a ajuda da religião; agarra-se à fé na imortalidade que considera a única solução possível, a única garantia para a ligação final entre "felicidade" (Glückseligkeit) e "merecer a felicidade" (Glückwürdigkeit) *"Toutes les subtilités de la Métaphysique"* – escreveu Rousseau certa vez a Voltaire – *"ne me feront pas douter un moment de l'immortalité de l'âme et d'une Providence bienfaisante. Je le sens, je le crois, je le veux, je l'espère, je le défendrai jusqu'à mon dernier soupir."*[44] Todavia é um equívoco procurar neste ponto – como faz a mais recente exposição abrangente das ideias de Rousseau –[45] o centro e o núcleo de sua doutrina, e conceber a sua doutrina como uma resposta à pergunta de como se pode combinar na vida humana a felicidade com a virtude. Pois Rousseau ultrapassa interiormente o seu próprio questionamento, mesmo quando fala a linguagem do eudemonismo. O seu ideal ético-político não persegue objetivos puramente utilitários, como os de Voltaire e Diderot. Ele não pergunta pela felicidade ou pela utilidade; trata-se da dignidade do homem e de sua salvaguarda e concretização. A princípio, Rousseau não dedicou nenhuma consideração especial à questão do mal físico; encarou-o quase com indiferença. A única

---

44 A Voltaire, 18 de agosto de 1756. [Hachette, X, p.133.] ["Todas as sutilezas da metafísica não me farão duvidar nem por um momento da imortalidade da alma e de uma Providência benfazeja. Eu o sinto, o creio, o quero, o espero, e o defenderei até meu último suspiro."]
45 Cf. Schinz, *La pensée de Jean-Jacques Rousseau* (Paris, 1929).

maneira de enfrentá-lo – é esta a ideia básica que ele desloca para o centro de seu plano educacional no *Emílio* – é reparar pouco nele e aprender a endurecer-se diante dele. Mas essa solução não vale para o mal social. Não se pode suportá-lo, porque ele não deve ser suportado; porque faz os homens perderem, em vez de sua felicidade, bem mais a sua essência e a sua determinação. Por isso, neste caso, não pode haver recuo, maleabilidade ou docilidade. Onde Voltaire, D'Alembert e Diderot veem meros defeitos da sociedade, meros erros de sua "organização" que devem ser gradualmente corrigidos, Rousseau vê, antes, culpa da sociedade e a expõe sempre com palavras veementes exigindo a sua expiação. Aqui nada lhe aparece como mera necessidade e como carência inevitável; neste caso, ele recusa todo apelo à experiência milenar. As máximas do passado não valem para ele porque mantém o seu olhar dirigido imperturbavelmente para o futuro e porque atribui à sociedade a tarefa de edificar um novo futuro para a humanidade.

E estamos assim diante de um novo problema que nos conduz mais um passo adiante e nos aproxima do verdadeiro centro das ideias de Rousseau. Numa conhecida apreciação acerca de Rousseau, Kant creditou-lhe um desempenho nem um pouco insignificante enquanto solução de problema da teodiceia e, por esse motivo, colocou-o ao lado de Newton. "Em primeiro lugar, Newton viu ordem e regularidade ligadas com grande simplicidade onde antes dele só havia desordem e diversidade mal combinada, e desde então os cometas percorrem órbitas geométricas. Em primeiro lugar, Rousseau descobriu em meio à diversidade das supostas figuras humanas a natureza oculta no fundo dos homens e a lei escondida segundo a qual a Providência se justifica pelas suas observações. Antes valia ainda a objeção de Alphonsus e Manes. Depois de Newton e Rousseau, Deus está justificado, e a partir de então é verdadeira a tese de Pope."[46]

---

[46] Kant, *Werke* (Hartenstein), VIII, p.630 [Cf. Leibniz, *Teodicéia*, Parte II, Par.193: "Algumas pessoas sustentam que Deus poderia ter feito melhor do que fez. Este é praticamente o mesmo erro do conhecido Alfonso, rei de Castela, que foi eleito rei de Roma por vários eleitores, e que elaborou as tábuas astronômicas que levam seu nome. Acredita-se ter este rei afirmado que se Deus, ao criar o mundo, o tivesse consultado, poderia ter-Lhe dado bons conselhos".]

São frases estranhas e de difícil interpretação: pois, quais são as observações de Rousseau por meio das quais Deus se justifica? E que novas ideias fundamentais Rousseau acrescentou, no tocante à questão da teodiceia, às ideias de Leibniz, de Shaftesbury e de Pope? Tudo que ele disse sobre essa questão não percorre caminhos conhecidos, familiares a todo o século XVIII? E isso não compõe aquela metafísica dogmática cuja forma básica o próprio Kant conservou, e que mais tarde desmascarou em todas as suas deficiências no excepcional ensaio "Über das Misslingen aller philosophischen Versuche in der *Theodizee*"?[47] E todavia Kant, também como crítico da razão pura e da razão prática, não se equivocou em sua avaliação de Rousseau. Pois seu olhar perpassou o invólucro da argumentação metafísica e captou o núcleo das convicções éticas e religiosas fundamentais de Rousseau. E reconheceu nessas convicções as suas próprias. "*Tout est bien*" – assim começa o *Emílio* de Rousseau que, como se sabe, era um dos livros preferidos de Kant – "*en sortant des mains de l'Auteur des choses; tout dégénère entre les mains de l'homme.*"[48] Desse modo, Deus parece desobrigado e a culpa de todo o mal é atribuída ao homem.

Mas com isso, contudo, estamos certamente diante de mais um problema difícil e, ao que parece, diante de uma contradição insolúvel. Pois não é justamente o próprio Rousseau quem constantemente proclama a doutrina da bondade original da natureza humana e faz exatamente dessa doutrina o centro e o eixo de todo o seu pensamento? Como o mal e a culpa podem ser imputados à natureza humana, se ela própria em sua constituição original está livre de todo mal e de toda culpa e desconhece toda perversão radical? Esta é a questão em torno da qual o pensamento de Rousseau sempre volta a circular.

Para nós hoje, o problema da teodiceia faz parte da história; não é mais uma questão atual que nos aflige e diz respeito direta-

---

47 [Em 1791. Kant, *Werke*, edição de Ernst Cassirer (Berlin: B. Cassirer, 1912-1922), VI, p.119-38).]
48 [Hachette, II, p.3. "Tudo é bom ao sair das mãos do autor das coisas, tudo degenera entre as mãos do homem."]

mente. Para os séculos XVII e XVIII, contudo, ocupar-se com essa questão não era de modo algum um jogo meramente conceitual e dialético. Os espíritos mais profundos da época envolveram-se com ela e nela viram a verdadeira questão vital da ética e da religião. Foi através dessa questão também que Rousseau sentiu-se interiormente ligado e preso à religião. Ele aceitou a velha luta pela "justificação de Deus" contra a filosofia do seu século – cortando as relações com os enciclopedistas, com Holbach e seu círculo.

Mas aí, sem dúvida, ele, que era considerado neste aspecto um autêntico "militante da fé", percebeu que estava sendo gravemente atacado pelos guardiães autorizados da fé, tendo sido perseguido e expulso. Um dos equívocos trágicos da vida de Rousseau é ele jamais ter compreendido o sentido dessa luta – e ter visto nessa perseguição dirigida contra ele nada mais que violência e arbitrariedade. E contudo, de um ponto de vista puramente histórico, com esse julgamento ele, num certo sentido, cometeu uma injustiça para com a Igreja e para consigo próprio. Pois na realidade tratava-se aqui de uma decisão inevitável de caráter histórico-universal e histórico-espiritual. O que leva Rousseau, com todo o seu patos religioso profundo e autêntico, a separar-se definitivamente de todas as formas de fé tradicionais é a firmeza com a qual rejeita toda ideia de uma culpabilidade *original*.

Neste caso, não era possível haver acordo nem reconciliação, pois nos séculos XVII e XVIII, o dogma do pecado original é o ponto principal e central das doutrinas católica e protestante. Todos os grandes movimentos religiosos da época são orientados por esse dogma e resumem-se a ele. As lutas travadas na França em torno do jansenismo; as lutas levadas a cabo entre gomaristas e arminianos; o desenvolvimento do puritanismo na Inglaterra e do pietismo alemão: tudo isso se encontra sob essa insígnia. E essa convicção fundamental acerca do mal radical na natureza humana teve em Rousseau um adversário perigoso e implacável.

A própria Igreja não se enganou sobre essa situação: imediatamente acentuou com toda a clareza e segurança o ponto decisivo. O mandato no qual Christophe de Beaumont, arcebispo de Paris, amaldiçoou o *Emílio* dá uma enorme importância à contestação de Rousseau do pecado original. A afirmação de que os primeiros movimentos da natureza humana são sempre inocentes e bons estaria em total desacordo com tudo o que a Sagrada Escritura e a Igreja ensinaram acerca da essência do homem.[49] Mas será que Rousseau não assumiu uma posição completamente insustentável ao, contrariamente à Igreja, defender a bondade original da natureza humana e o direito e a independência da razão humana – e, por outro lado, ao rejeitar as criações mais elevadas dessa razão, a arte e a ciência e toda cultura espiritual? Será que ainda podia reclamar de seu completo isolamento, já que ele próprio produziu tal isolamento e alienou-se das formas religiosas dominantes, como também cortou relações com o "Iluminismo" filosófico? E além desse isolamento exterior, ele parece agora também encontrar-se interiormente perante um dilema insolúvel. A obscuridade do problema da teodiceia parece desde então completamente impenetrável. Pois se não podemos remeter o mal a Deus, nem procurar a sua razão na constituição da natureza humana, onde se pode encontrar então a sua fonte e a sua origem?

Para Rousseau, a solução desse dilema reside em deslocar a responsabilidade para um ponto no qual ninguém antes dele jamais a procurou – em criar de certo modo um novo sujeito da responsabilidade, da "imputabilidade". Este sujeito não é o indivíduo isolado, mas a sociedade humana. O indivíduo em si, tal como saiu das mãos da natureza, encontra-se ainda fora da oposição entre o bem e o mal. Ele se abandona ao seu instinto natural de autoconservação; é guiado pelo *"amour de soi"*, mas esse amor por si mesmo jamais degenera em amor-próprio (*"amour propre"*) que se compraz em oprimir os outros e que só assim pode se satisfazer. O amor-próprio, que contém a causa de toda a perversão futura e cria no homem a sede de poder e a vaidade, torna-se um peso exclusivamente para a sociedade. É ele que faz os homens se tornarem tiranos contra a natureza e tiranos contra si próprios. Desperta neles necessidades e paixões que o homem natural não conheceu e,

---

49 Cf. "Mandement de Monseigneur L'Archevêque de Paris, portant condamnation d'un livre qui a pour titre *Emile*" ([Rousseau,] *Oeuvres*, Zweibrücken [Deux-Ponts], Suppléments, V, p.262ss.). [Hachette, III, p.45-57.]

ao mesmo tempo, coloca em suas mãos meios sempre novos para satisfazê-lo sem nenhum limite e consideração. A paixão de fazer falar de si; o fervor em destacar-se dos outros: isto tudo nos mantém continuamente distantes de nós mesmos e nos leva, de certo modo, para fora de nós.[50]

Mas estará essa alienação na essência de toda sociedade? Não seria possível pensar um rumo em direção a uma comunidade humana autêntica e verdadeira, que não necessitasse mais das molas do poder, da ganância e da vaidade, mas que estivesse fundada inteiramente na submissão comum a uma lei interiormente reconhecida como necessária e obrigatória? Logo que essa forma de comunidade surgir e se estabelecer, o mal enquanto mal social – e é só este que, como vimos, conta para Rousseau – será superado e eliminado. Se a forma coercitiva de sociedade existente até agora desmoronar e for substituída por uma forma livre de comunidade política e ética – uma forma na qual todos, em vez de estarem submetidos à arbitrariedade dos outros, reconhecem, aprovam e acatam como a sua própria apenas a vontade geral –, então a hora da redenção chegou. Mas essa redenção espera em vão por ajuda exterior. Nenhum Deus nos pode enviá-la; o homem deve sim se transformar no seu próprio salvador e, no sentido ético, no seu criador. Em sua forma até agora existente, a sociedade causou as mais profundas feridas à humanidade, mas somente ela é que também pode e deve curar tais feridas. Desde então recai sobre ela o peso da responsabilidade.

É essa a solução dada por Rousseau ao problema da teodiceia – e assim, de fato ele colocou tal problema num solo completamente novo. Conduziu-o para além do círculo da metafísica e fez dele o ponto principal da ética e da política. Desse modo, porém, acabou dando-lhe um impulso que ainda hoje continua atuando com todo vigor. Todas as lutas sociais da atualidade continuam sendo tocadas e acionadas por esse impulso original. Elas têm sua raiz nessa consciência de uma *responsabilidade* da sociedade que

---

50 *Discurso sobre a origem da desigualdade* (*Oeuvres*, Zweibrücken [Deux-Ponts], p.75ss., 90ss., 138ss. e outras. [Hachette, I, p.71-152 *passim*.]

Rousseau foi o primeiro a possuir e cuja semente ele implantou em toda a posteridade.

O século XVII ainda não conhecia essa ideia. Mais uma vez, no apogeu desse século, Bossuet proclama o ideal teocrático erigindo-o em seu caráter incondicional e absoluto. O Estado coincide com o soberano; este, porém, não está subordinado a nenhum poder humano e a nenhum controle humano; é responsável apenas perante Deus e só Este pode exigir que preste contas. A resistência resoluta do direito natural dos séculos XVII e XVIII logo se ergue contra esse absolutismo teocrático. O direito natural não é um direito divino, e sim especificamente humano, sendo igualmente obrigatório para todas as vontades humanas, para dominadores e dominados. Mas mesmo essa declaração dos "direitos humanos" originais, permanentes e inalienáveis não destrói de imediato a forma do Estado despótico, mesmo que restrinja a autoridade dele. No *Contrato social*, Rousseau ainda trava uma luta contínua contra Grotius porque este havia admitido ao menos a possibilidade de um direito da escravatura. Grotius argumentava que a escravatura poderia estar fundamentada no pacto original do qual adveio a sociedade – contanto que, por exemplo, o conquistador de um país faça um contrato com os vencidos segundo o qual lhes assegura a vida sob a condição de que eles e seus descendentes entreguem-se a ele na qualidade de propriedade. Rousseau, por sua vez, afasta contrariado todas essas cláusulas como meras construções jurídicas formais. Contra elas, insiste no "direito que nasceu conosco" – e vê este direito violado por toda forma de escravidão. Quando se diz que o filho de um escravo nasceu escravo, isso significa apenas que ele não nasceu como ser humano.[51] A sociedade verdadeira e legítima jamais poderá justificar tal pretensão, pois ela é apenas a guardiã daquela *"volonté générale"*, perante a qual não existem exceções e da qual ninguém pode escapar.

Desse modo, a solução dada por Rousseau ao problema da teodiceia consiste em retirar a carga de cima de Deus para impô-la à comunidade humana. A ela própria cabe a culpa se não se

---

51 *Contrato social*, Livro IV, Capítulo ii. Cf. sobretudo Livro I, Capítulo iv. [Hachette, III, p.368, 309-12.]

mostrar à altura dessa tarefa e se não for capaz de executar de maneira responsável e livre o que a sua autodeterminação exige. Não sem razão foi apontado que entre a doutrina de Rousseau do "estado natural" e a doutrina cristã do "estado original" existem analogias formais muito específicas. Também Rousseau conhece a expulsão do homem do paraíso da inocência; também ele vê na evolução do homem em direção a um ser racional uma espécie de "pecado original" que o exclui para sempre da felicidade segura e bem resguardada que desfrutou até então. Mas se Rousseau, nesse sentido, lamenta o dom da "perfectibilidade" que distingue os homens de todos os outros seres vivos,[52] ele também sabe que a salvação final só pode advir através dela. Pois apenas através dela e não através da redenção e da ajuda divina cresce no homem, afinal, a liberdade que o torna senhor de seu destino: "*car l'impulsion du seul appétit est l'esclavage et l'obéissance à la loi qu'on s'est prescrite est liberté*".[53]

Mesmo a questão bastante controvertida do "otimismo" de Rousseau só adquire relevo neste contexto. À primeira vista, parece estranho que este ermitão sisudo e melancólico, este desiludido cuja vida termina em total escuridão e isolamento, tenha se apegado até o fim da vida à tese do "otimismo", tornando-se um de seus defensores mais fervorosos. Em sua correspondência com Voltaire, Rousseau não deixou de salientar o paradoxo trágico aí existente, e que ele, o enteado da felicidade e o perseguido e rejeitado pela sociedade, precisou assumir a defesa do otimismo contra Voltaire que, por sua vez, vivia no esplendor da fama e no gozo de todas as riquezas. Mas este paradoxo desaparece ao considerarmos que Rousseau e Voltaire dão à questão do otimismo um sentido completamente diferente. Para Voltaire, no fundo não se trata aí de uma questão filosófica, mas de uma pura questão de ânimo e de temperamento. Nas primeiras décadas de sua existên-

---

52 Cf. *Discurso sobre a a origem da desigualdade*, Primeira Parte. [Hachette, I, p.90.]
53 *Contrato social*, Livro I, Capítulo viii. [Hachette, III, p.316.] ["porque o impulso do puro apetite é escravidão e a obediência à lei que se prescreveu é liberdade".]

cia, ele não somente se entrega candidamente a todos os prazeres da vida, mas torna-se também o seu defensor e exaltador. Em meio à profunda decadência e à profunda perversão da época da regência, torna-se o apologista dessa época. Seu poema filosófico "Le Mondain" faz o elogio do seu tempo:

> Moi je rends grâce à la nature sage
> Qui, pour mon bien, m'a fait naître en cet âge
> Tant décrié par nos tristes frondeurs;
> Ce temps profane est tout fait pour mes moeurs.
> J'aime le luxe, et même la mollesse,
> Tous les plaisirs, les arts de toute espèce,
> La propreté, le goût, les ornements;
> Tout honnête homme a de tels sentiments.
> ...
> L'or de la terre et les trésors de l'onde
> Leurs habitants et les peuples de l'air
> Tout sert au luxe, aux plaisirs de ce monde,
> O le bon temps que ce siècle de fer![54]

Mais tarde tem-se a impressão de que Voltaire se equivocou nesta exaltação. O terremoto de Lisboa assustou-o tirando-o de sua tranquilidade e de seu aconchego – e ele então quase se torna um

---

54 Voltaire, "Le mondain", 1736, in: *Oeuvres* (Paris: Lequin, 1825), XIV, p.112.
["Rendo graças à sábia natureza
Que, a meu proveito, fez-me nascer nesta época
Por seus críticos tão difamada;
Estes tempos profanos se ajustam ao meu estilo.
Amo o luxo e mesmo a luxúria,
Amo todos os prazeres, todas as artes que encantam,
A limpeza, o gosto e refinados ornamentos;
Sobre isto, todos os homens decentes comigo concordam.
...
Todo o ouro da terra e todos os tesouros do oceano
Seus habitantes e aqueles que povoam o ar
Todos servem ao luxo, aos prazeres deste mundo,
Ó era adorável, este século de ferro!"]

moralista pregando contra uma espécie que levianamente passa por cima de tais horrores:

> *Lisbonne, qui n'est plus, eut-elle plus de vices*
> *Que Londres, que Paris plongés dans les délices?*
> *Lisbonne est abîmée et l'on danse à Paris!*

E Voltaire opõe então expressamente ao antigo panegírico a palinódia:

> *Sur un ton moins lugubre on me vit autrefois*
> *Chanter des doux plaisirs les séduisantes lois:*
> *D'autres temps, d'autres moeurs: instruit par la vieillesse*
> *Des humains égarés partageant la faiblesse*
> *Sous une épaisse nuit cherchant à m'éclairer*
> *Je ne sais que souffrir, et non pas murmurer.*[55]

Mas mesmo não querendo se queixar dos sofrimentos do mundo, ele acaba fazendo troça do "sistema" do otimismo sobre o qual descarregou todo o seu escárnio no *Cândido*. Sua veia satírica encontra aí expressões sempre novas e amargas, mas essa amargura está bem distante de todo azedume. No fundo, o ânimo de Voltaire quase não mudou, comparado com sua juventude. Ele continua combinando o ceticismo mais agudo com a mais enfática afirmação do mundo e da vida.

Ambos destacam-se com toda a clareza no seu conto filosófico "Le monde comme il va, vision de Babouc"(1746).[56] Babouc recebe de Ituriel – um anjo do nível mais elevado – a missão de dirigir-se

---

[55] "Poème sur le désastre de Lisbonne" (1756), in: *Oeuvres*, XII, p.186.
["Teria Lisboa, ora destruída, mais vícios
Que Londres ou Paris, mergulhadas nas delícias?
No entanto, Lisboa está destroçada, enquanto Paris dança!
...
Já me viram outrora, num tom menos lúgubre
Louvar as sedutoras leis dos doces prazeres:
Mudam os tempos, mudam os costumes: instruído pela velhice
Com os demais humanos partilho a fraqueza
Procurando encontrar-me sob a noite escura
Nada mais sei que sofrer, sem mais reclamar."]
[56] [*Oeuvres*, Paris: M. Beuchot, (Ed.) XXXIII, p.1-26.]

à capital do reino persa para observar as ocupações das pessoas e os costumes da cidade: dependerá de seu relatório e de seu parecer se a cidade deve continuar existindo ou se deve ser destruída. Ele fica conhecendo profundamente a cidade: vê sua devassidão desenfreada, constata os abusos e a leviandade das repartições, a venalidade dos juízes, as maquinações fraudulentas do comércio, mas observa, ao mesmo tempo, o seu brilho, o seu esplendor e a sua cultura espiritual e social. E assim, toma a sua decisão. Manda o ourives mais habilidoso modelar uma pequena estátua composta de todos os metais, dos mais valiosos aos mais ordinários, a fim de levá-la a Ituriel. "Será que você" – pergunta-lhe – "quebraria esta linda estátua por ela não ser feita inteiramente de ouro e diamante?" Ituriel compreende: "*il résolut de ne pas même songer à corriger Persépolis, et de laisser aller le monde comme il va; car, dit-il, si tout n'est pas bien, tout est passable*".[57] Estas são as últimas palavras que Voltaire tem a dizer sobre o mundo e a vida mundana. Mesmo o seu pessimismo chega a ser brincalhão, enquanto o otimismo de Rousseau está ainda carregado e repleto de uma seriedade trágica. Pois mesmo onde pinta a felicidade dos sentidos e a paixão sensual com as cores mais ardentes, Rousseau não se dá por satisfeito com essa imagem contrastando-a com um fundo escuro e sombrio. Desconhece qualquer entrega absoluta à paixão e exige dos homens a força da renúncia. E para ele, é somente nessa força que o sentido e o valor da vida se abrem. Seu otimismo é aquele otimismo heroico que ele relaciona preferencialmente a Plutarco, seu escritor predileto, e aos grandes modelos da história antiga. Ele exige que os homens, em vez de se perderem em queixas inúteis sobre o infortúnio da existência, compreendam o seu próprio destino e o dominem. Dessa exigência surgiram todos os seus ideais políticos e sociais. Ele próprio relata nas *Confissões* que, enquanto estava ocupado com a redação do *Discurso sobre a origem da desigualdade*, sentia-se sempre impulsionado a gritar aos homens: "Seus tolos, que não param de reclamar da natureza, aprendam de uma vez que todos os seus so-

---

57 ["ele resolveu nem sequer sonhar em corrigir Persépolis e deixar o mundo seguir o seu caminho; pois, disse ele, se nem tudo vai bem, pelo menos tudo é possível".]

frimentos têm origem em vocês mesmos!".[58] Desse modo, esse suposto "irracionalista" termina na mais categórica fé na razão pois, para ele, a fé na vitória da razão coincide com a fé na vitória de uma autêntica "constituição cosmopolita". Essa fé, ele também a transmitiu a Kant. Kant demonstra um ponto de vista e uma mentalidade rousseauístas quando considera o maior problema da espécie humana a construção de uma sociedade civil que administra universalmente o direito, e quando vê a história da espécie humana em seu conjunto como a execução de um plano oculto da natureza para realizar uma constituição internamente perfeita e, com este objetivo, também externamente. O problema da teodiceia só pode ser resolvido no Estado e por intermédio do Estado. É um problema dos homens e é a sua tarefa mais elevada efetuar a "justificação de Deus": não através de meditações metafísicas sobre a felicidade e o infortúnio, sobre o bem e o mal, mas configurando e gerando eles mesmos livremente a ordem, segundo a qual pretendem viver.

---

58 *Confissões*, Livro VIII. [Hachette, VIII, p.277.]

II

Se tentarmos entender a atuação de Rousseau em seu significado *histórico*, se tentarmos designá-la de acordo com o efeito imediato que causou, parece ser possível resumir este último num único ponto. O aspecto específico e peculiarmente novo que Rousseau proporcionou à sua época parece residir no fato de libertá-la do domínio do intelectualismo. Às forças do entendimento reflexivo nas quais se baseia a cultura do século XVIII, ele opõe a força do sentimento; perante o poder da "razão" que examina e disseca, ele se torna o descobridor da paixão e de sua energia primitiva elementar. Na realidade foi uma torrente completamente nova de vida que assim penetrou na espiritualidade francesa, ameaçando dissolver todas as suas formas fixas e transbordar os seus limites cuidadosamente estabelecidos.

Nem a filosofia nem a literatura francesa do século XVIII haviam sido tocadas até então por essa torrente. Pois há muito, a literatura havia desaprendido também a falar a linguagem elementar do sentimento e da paixão. A tragédia clássica estava solidificada em suas formas; a paixão heróica da qual havia originalmente nascido tinha perdido a sua força. A partir daí, a tragédia vivia apenas da repetição de motivos tradicionais; o seu patos autêntico e intenso se extingue convertendo-se por fim em mera retórica. Com os dramas de Voltaire, a tragédia sucumbe ao domínio da análise e da dialética. O próprio Voltaire, que lutou incessantemente pela coroa de poeta trágico, era um crítico e observador agudo demais para poder dissimular esse retrocesso e esse declínio. No *Siècle de Louis XIV*, ele confessou resignado que a época clássica do drama havia passado – e que nessa esfera só poderia haver imitações, mas não invenções originais. *"Il ne faut pas croire que les grandes passions tragiques et les grands sentiments puissent se varier à l'infini d'une manière neuve et frappante. Tout a ses bornes ... Le génie n'a qu'un siècle, après quoi il faut qu'il dégénère"*.[59]

---

59 Voltaire, *Siècle de Louis XIV*, Capítulo xxxii ["Não se deve acreditar que as grandes paixões trágicas e os grandes sentimentos possam variar ao infinito de maneira nova e tocante. Tudo tem seu limite ... O gênio tem apenas um século; depois disso é preciso que ele degenere."]

Esta paralisia revela-se de maneira ainda mais evidente na esfera da lírica. Antes de Rousseau, a sensibilidade lírica original parecia quase completamente esgotada na França; até mesmo o nome e a peculiaridade do gênero lírico pareciam esquecidos pela estética francesa. A *Art poétique* de Boileau procurou separar cuidadosamente todos os gêneros isolados da poesia, a tragédia, a comédia, a fábula, o poema didático, o epigrama, e estabelecer para cada um deles suas próprias leis. Mas a lírica não encontra lugar nesta segregação e canonização das formas literárias; não se atribui a ela nenhuma "essência" peculiar. A estética parecia tirar suas conclusões dessa evolução somente quando considerava a forma poética cada vez mais como um mero adorno externo, como um apêndice casual que antes inibia que incentivava a verdade artística da representação. Para espíritos como Fontenelle e La Motte-Houdar, a estética se transforma em exaltação da prosa, porque só ela alcança a mais elevada clareza de expressão e de ideias, que evita o aspecto indeterminado e metafórico da expressão a fim de deixar falar somente a própria coisa em sua simples "naturalidade". Em sua tradução da *Ilíada*, La Motte tentou relacionar o próprio Homero a essa medida de "naturalidade", isto é, de nitidez e clareza intelectual. Ele tenta reconduzir à forma da prosa até mesmo a tragédia e a ode a fim de livrá-las assim do seu excesso equivocado, do aspecto figurativo e alegórico e das "*figures audacieuses*".

Se a par disso os gêneros poéticos continuam existindo no século XVIII, e se o verso adquire uma mobilidade e uma leveza jamais obtidas, esta leveza advém justamente do fato de ele não estar mais sobrecarregado com um conteúdo verdadeiramente poético. Ele se tornou um mero invólucro que se submete à ideia; serve como roupagem a uma verdade filosófica ou moral; é um recurso cômodo para se atingir um objetivo didático. Desse modo, em meio à abundância e ao excesso de produções poéticas, todas as forças originais da poesia acabam morrendo; surge assim aquela época da literatura francesa denominada "*la poésie sans poésie*".[60]

---

60 Cf. Gustave Lanson, *Histoire de la littérature française*, Quinta Parte, Capítulo II.

Esse encanto presente na língua e na literatura francesas é quebrado somente por Rousseau. Ele se tornou o descobridor e o reanimador do mundo lírico, sem ser o criador de uma única poesia verdadeiramente lírica. Foi a reaparição deste mundo quase esquecido o que impressionou tão intensamente e comoveu tão profundamente os contemporâneos na *Nova Heloísa* de Rousseau. Eles não consideraram este romance mera criação da fantasia; sentiram-se transportados do círculo da literatura para o centro de uma nova existência e enriquecidos por um novo sentimento da vida. Rousseau foi o primeiro a sentir essa "*Vita Nuova*" e o primeiro a despertá-la nos outros. Esse sentimento surgiu nele próprio a partir da relação imediata que cultivou com a natureza, desde o primeiro despertar de sua autoconsciência espiritual. Ele deu novamente voz à natureza e jamais esqueceu sua linguagem por ele aprendida na infância e na adolescência; aprofundou-se nela e extasiou-se com ela depois de ter se tornado há muito um misantropo solitário que evitava qualquer contato com os homens. "Retornando da doce quimera da amizade" – assim se descreve a si mesmo no primeiro diálogo do escrito *Rousseau juge de Jean-Jacques* –, "[...] desiludido com os homens entre os quais não encontrei nem a verdade nem a integridade nem nenhum dos sentimentos [...] sem os quais toda sociedade humana não passa de mentira e intrujice, recolhi-me em mim mesmo; e vivendo somente em contato com a natureza, senti uma doçura infinita na ideia de que não estava só ou falando com um ser morto e insensível [...] Jamais adotei a filosofia dos felizes dessa época; ela não foi criada para mim. Procurei uma outra, mais de acordo com meu coração e que consolasse mais nos momentos de infortúnio e impelisse mais à virtude."[61]

Desse modo, a força lírica fundamental de Rousseau, tal como ele a manteve da maneira mais profunda e pura na primeira parte da *Nova Heloísa*, consiste em deixar aparecer toda paixão e sentimento humano como que envolvida na atmosfera do puro sentimento da natureza. Neste caso, o homem não está mais simplesmente "perante" a natureza; ela deixa de ser um espetáculo que ele

---

61 ["Primeiro Discurso" (Hachette, IX, p.144-5).]

desfruta como mero observador e contemplador, mas ele mergulha na vida interior dela e vibra em seus ritmos próprios. E aí reside para ele uma fonte de felicidade que jamais poderá se esgotar.

"Não sou capaz de lhe dizer" – escreve Rousseau em 1762 a Malesherbes de Montmorency – "o quanto me comovi por ver que o senhor considerava-me o mais infeliz de todos os homens. Oh, por que o mundo inteiro desconhece meu destino! Se o conhecessem, iriam ansiar por ele; a paz predominaria sobre a terra; ninguém mais tentaria prejudicar os outros. Mas de que desfrutava eu quando enfim ficava sozinho? De mim mesmo, do universo inteiro, de tudo o que é e o que pode ser, de tudo o que há de belo no mundo sensível, no mundo da fantasia e no mundo intelectual [...].

Que época da minha vida é essa que prefiro ter comigo em minhas noites de insônia, e à qual retorno com muita frequência em meus sonhos? Não são as alegrias de minha juventude; elas foram raras demais e muitíssimo mescladas com amargura e já estão por demais distantes de mim. São os tempos de meu recolhimento; são os meus passeios solitários; são aqueles dias fugazes, mas deliciosos que passei inteiramente só comigo, com minha simples e boa companheira, com meu cão, meu gato, com os pássaros no campo e os animais da floresta, com toda a natureza e seu inconcebível criador. Quando me levantava ao raiar do dia para desfrutar e contemplar em meu jardim o despertar do sol, e o seu nascer prometia um belo dia, a primeira coisa que desejava é que nem cartas nem visitas perturbassem o seu encanto. Eu saía correndo, e com que palpitações, com que excesso de alegria eu respirava aliviado ao sentir a certeza de ser dono de mim mesmo durante todo o dia! Escolhia na floresta um local selvagem qualquer no qual nada fizesse lembrar a mão do homem ou expressasse a sua dominação coerciva, onde uma terceira pessoa não incomodasse interpondo-se entre mim e a natureza. Aí então revelava-se aos meus olhos um esplendor sempre novo. O ouro da giesta, a cor púrpura [*das urzes*] que envolvia o mundo encantavam meus olhos e tocavam meu coração; a majestade das árvores que me cobriam com suas sombras, a delicadeza dos arbustos que me cercavam, a espantosa variedade de flores e ervas; isso tudo mantinha o meu espírito numa alternância constante entre observar e admirar.

Minha imaginação não tardava muito em povoar essa bela terra – e eu a povoava com seres que estavam de acordo com meu coração. Desembaraçando-me de toda convenção, todo preconceito, toda paixão fútil e artificial, fazia surgir no seio da natureza e sob a sua proteção homens dignos de habitá-la. Criava em minha fantasia uma época de ouro e me comovia até as lágrimas quando pensava nas verdadeiras alegrias da humanidade, naquelas alegrias tão deliciosas e puras que se encontram agora tão distantes e afastadas dos homens. Entretanto, em meio a tudo isso, confesso que sentia às vezes uma súbita aflição. Ainda que todos os meus sonhos tivessem se transformado em realidade, não teriam me bastado; teria continuado a me entregar à minha imaginação, aos meus sonhos e desejos. Encontrava em mim um vazio inexplicável que nada seria capaz de preencher; um impulso do coração por uma outra espécie de felicidade que não conseguia conceber e pela qual não obstante ansiava. E até mesmo essa ansiedade era prazer porque me via inteiramente perpassado por um sentimento vivo e por uma tristeza que me atraía e da qual não poderia prescindir."[62]

---

62 Terceira carta a Malesherbes, 26 de janeiro de 1762 [Hachette, X, p.304-6]. [Esta passagem, ao contrário das outras citações, foi traduzida do alemão de Cassirer e não do original francês, que Cassirer, em sua tradução, remodelou a bem da brevidade. Não obstante numerosas omissões e transposições, o significado do escrito de Rousseau não é essencialmente modificado, mas em dois momentos Cassirer tratou o texto de maneira um tanto livre. A passagem: "Quando me levantava ... dono de mim mesmo durante todo o dia!", se apresenta da seguinte forma na edição Hachette: "*En me levant avant le soleil pour aller voir, contempler son lever dans mon jardin; quand je voyais commencer une belle journée, mon premier souhait était que ni lettres, ni visites, n'en vinssent troubler le charme. Après avoir donné la matinée à divers soins que je remplissais tous avec plaisir, parce que je pouvais les remettre à un autre temps, je me hâtais de dîner pour échapper aux importuns, et me ménager un plus long après-midi. Avant une heure, même les jours les plus ardents, je partais par le grand soleil avec la fidèle Achate, pressant le pas dans la crainte que quelqu'un ne vînt s'emparer de moi avant que j'eusse pu m'esquiver; mais quand une fois j'avais pu doubler un certain coin, avec quel battement de coeur, avec quel pétillement de joie je commençais à respirer en me sentant sauvé, en me disant: 'Me voilà maître de moi pour le reste de ce jour!'*". A passagem traduzida como: "Entreto, em meio a tudo isso, confesso que sentia às vezes uma súbita aflição", surge como: "*Cependant au milieu de tout cela, je l'avoue, le néant de mes chimères venait quelquefois la contrister tout à coup*" – onde "*la*" se refere a "*mon âme*".]

Reproduzi pormenorizadamente este trecho da carta porque ela designa de maneira clara e penetrante como poucas outras a nova época que Rousseau introduz na história do espírito europeu. A partir daí, está aberto o caminho para a época da "sensibilidade" (*Empfindsamkeit*), para o "*Sturm und Drang*" e para o Romantismo alemão e francês.[63] Hoje, a *Nova Heloísa*, enquanto obra completa, está bem mais distante de nós; não conseguimos mais sentir de imediato a força com a qual ela tocou e comoveu o século de Rousseau.[64] Suas fraquezas puramente artísticas são bastante evidentes para nós hoje. Nela, a exposição pura e a expressão imediata do sentimento são sempre obstadas pela tendência didática à qual a obra está submetida desde o princípio. Esta tendência torna-se afinal tão intensa a ponto de esmagar completamente a obra de arte; a segunda parte do romance possui um cunho quase exclusivamente didático-moral. E já na primeira parte, a tensão entre os dois motivos fundamentais que dão origem à obra é inequívoca. No meio da descrição mais ardente e sincera da paixão, o tom de didatismo abstrato torna-se perceptível. Por vezes, o estilo literário transforma-se repentinamente em sermão – a própria Júlia não raramente se denomina em suas cartas a Saint Preux como pregadora – *la prêcheuse*.[65]

Entretanto, isso tudo não consegue inibir a força elementar do novo sentimento que abre aqui o seu caminho. Em imagens e cenas isoladas do romance – como a cena da despedida em que Saint Preux, obrigado a abandonar a amada e comovido pelo pressentimento da separação, deixa-se cair nos degraus da escada pela qual subia naquele momento, e desfazendo-se em lágrimas cobre de beijos a pedra fria – sente-se de imediato o sopro de um novo tempo. Surge aí uma nova configuração da literatura: eleva-se diante de nós o Werther de Goethe.

---

63 Sobre a continuidade e a evolução literária, cf. Erich Schmidt, *Richardson, Rousseau e Goethe*, Jena, 1875.
64 Nas *Confissões* (Livro XI), Rousseau citou exemplos característicos desta atuação da obra sobre os contemporâneos. Para maiores detalhes, veja-se sobretudo a abrangente introdução da edição crítica da *Nova Heloísa* feita por D. Mornet ("Les grands ecrivains français"). [Hachette, 1925.]
65 *Nova Heloísa*, Parte I, Carta 43, entre outras.

Todavia, Rousseau não é o primeiro a indicar a virada para a "sensibilidade" dentro da literatura do século XVIII. A primeira obra de Richardson, a *Pamela*, foi publicada em 1740, duas décadas antes da *Nova Heloísa*. E o entusiasmo despertado pelos romances de Richardson não foi menor na França que na Inglaterra. Ninguém menos que Diderot tornou-se ali o seu defensor e apóstolo. Em seu escrito sobre Richardson, ele explica que se a necessidade um dia o obrigasse a vender sua biblioteca, de todos os seus livros, ele só ficaria com as obras de Richardson, ao lado da Bíblia, de Homero, de Eurípedes e de Sófocles.[66] Desse modo, a "sentimentalidade" (*Sentimentalität*) como fenômeno literário já era há muito familiar à França do século XVIII. Se mesmo assim Rousseau é abandonado para sempre pelos líderes do movimento intelectual da época, depois destes terem acreditado por pouco tempo ser possível trazê-lo para o seu círculo, por ele lhes parecer estranho e incompreensível, a razão disso é que ele não somente expõe a força fundamental do sentimento, mas também corporifica-a com uma perspicácia nunca vista. Ele não descreve esta força, mas é ela e vive-a – e essa vida é o que o espírito do século XVIII tentava combater e manter distante de si.

D'Alembert, não somente uma cabeça genial, mas também uma natureza nobre e distinta, esforçou-se visivelmente ao julgar Rousseau para fazer jus ao velho adversário. Ele lhe atribui grandes méritos literários e um calor pessoal que apenas poucos escritores possuem. "Mas este calor" – acrescenta ele – "parece-me ser mais do tipo sensual que espiritual". "*Malgré tout l'effet qu'elle produit sur moi elle ne fait que m'agiter ... Je ne prétends pas donner ici mon avis pour règle, d'autres peuvent être affectés différemment, mais c'est ainsi que je le suis*".[67] É um julgamento interessante e espirituoso, mas não é historicamente justo. O que D'Alembert sente em Rousseau é a força impetuosa de um "tem-

---

66 Veja-se o escrito de Diderot sobre Richardson (*Oeuvres*, Paris: Assézat, V, p.212ss.).
67 D'Alembert, *Oeuvres* (Paris: Didier, 1863), p.295. ["Malgrado todo o efeito que ela produz sobre mim, ela apenas me agita ... Não pretendo dar aqui minha opinião como regra; outros podem ser afetados de maneira diferente, mas é assim que sou afetado."]

peramento" que ele – o firme e o comedido, o prudente e o superior – rechaça como contrário ao seu próprio modo de ser. Ele se defende contra essa força, ele teme perder no contato com ela a ordem e a clareza, a segurança metódica de seu mundo espiritual e ser atirado de volta ao caos da sensualidade. E também para Diderot aí reside o limite de sua capacidade de empatia, de resto quase ilimitada. Sua compreensão humana intuitiva e sua capacidade de entrega entusiástica e amigável fracassou afinal com Rousseau. Ele considerou o ímpeto indomável de Rousseau para a solidão como um capricho estranho. Pois Diderot precisava das relações sociais não somente como o meio necessário de sua atuação, mas também como o fluido espiritual sem o qual não conseguia pensar. Por conseguinte, querer a solidão não lhe parecia outra coisa que uma aberração moral e espiritual. Sabe-se que as palavras de Diderot em anexo ao *Fils naturel*, de que só o mau ama a solidão – palavras que Rousseau imediatamente relacionou consigo mesmo e em virtude das quais pediu satisfações a Diderot –, foram o ponto de partida do rompimento de ambos.[68] E depois deste rompimento, a sensação do insólito no caráter de Rousseau intensificou-se para Diderot até quase o limite do intolerável. "Este homem – escreveu na noite de seu último encontro com ele – "me deixa intranquilo; em sua presença sinto-me como se uma alma amaldiçoada estivesse do meu lado [...] Não quero voltar a vê-lo nunca mais; ele seria capaz de me fazer acreditar no inferno e no diabo."[69]

Foi essa a impressão que causou nos líderes intelectuais do Iluminismo francês. Eles viram atuando aí uma força *demoníaca*, um possesso irrequietamente agoniado que nesse desassossego torturante ameaçava roubar toda tranquilidade de suas próprias posses intelectuais na qual acreditavam estar firmes e seguros. Com certeza, a irritabilidade e a suscetibilidade de Rousseau, sua

---

68 Sobre esta questão, consulte-se também *Confissões*, Livro IX. [Hachette, VIII, p.326-7.]
69 Carta de Diderot de dezembro de 1757 [a Grimm], in: *Oeuvres* [Assézat], XIX, p.446. [A carta na edição Assézat é datada de "outubro ou novembro, 1757".]

melancolia e desconfiança doentia contribuíram para acelerar o rompimento com os enciclopedistas, e torná-lo irreparável uma vez ocorrido. O motivo profundo do antagonismo, porém, estava num outro ponto. Aqui reinava um destino intelectual que teria de se cumprir independentemente de toda interferência dos indivíduos. Com Rousseau desloca-se o centro intelectual da época, nega-se tudo o que dava a ela estabilidade e segurança interior. Ele não modificou seus resultados, mas atacou suas raízes intelectuais. Por isso, a resistência contra ele foi historicamente necessária e legítima: onde Rousseau julgava ver uma "conspiração" tramada contra ele, havia na verdade uma reação cuja origem e justificação se encontrava no mais íntimo instinto de autoconservação intelectual da época.

Por outro lado, porém, não se faz jus à profundidade do antagonismo aqui reinante quando se considera Rousseau meramente o propagador de um novo Evangelho do "sentimento" que ele opõe à cultura racional do século XVIII. Pois nesse sentido vago, o "sentimento" se torna uma mera palavra de ordem, de modo algum suficiente para designar a verdadeira originalidade da problemática filosófica de Rousseau. Esta problemática tem início somente quando, não se abandonando simplesmente à nova força que o impulsiona e anima, ele questiona o seu fundamento e o seu direito. E Rousseau de modo algum afirmou esse direito sem restrições. Ele cedo tomou consciência do poder do sentimento e profundamente demais para que pudesse se entregar a ele sem resistências. E desse modo, erige contra esse poder, justamente ali onde o descreve da maneira mais arrebatadora, uma outra força e se engaja com um entusiasmo não menor a favor de seu direito e de sua necessidade. Ele confia a orientação e a configuração interior da vida a esta outra força. No momento em que Júlia, na *Nova Heloísa*, profundamente desesperada impõe-se a decisão de renunciar para sempre ao amado, ela dirige a Deus uma prece implorando-lhe para não deixá-la vacilar nessa decisão. "*Je veux ... le bien que tu veux, et dont toi seul es la source... Je veux tout ce qui se rapporte à l'ordre de la nature que tu as établi, et aux règles de la raison que je tiens de toi. Je remets mon coeur sous ta garde et mes désirs en ta main.*

Rends toutes mes actions conformes à ma volonté constante, qui est la tienne; et ne permets plus que l'erreur d'un moment l'emporte sur le choix de toute ma vie."[70]

Neste caso, a ordem da "natureza" é equiparada à ordem da Providência e à ordem da razão – e esta é considerada uma norma inabalável constante que não pode ser sacrificada ao momento, nem ser abandonada aos acessos fugazes e indeterminados do sentimento. A firmeza, a segurança e a determinação íntimas da vontade são invocadas contra o poder da paixão. E esse antagonismo não constitui um momento isolado na estrutura da *Nova Heloísa*, mas é nele que repousa originariamente toda a concepção da obra. Pois a *Nova Heloísa*, que entre todas as obras de Rousseau é aquela na qual ele deixa fluir mais livremente o seu ardor e a sua paixão sensual, não pretende ser também de modo algum uma apoteose da sensualidade. Ela nos apresenta a imagem de um amor de uma outra espécie e com uma outra origem. O amor autêntico, o amor que toca e satisfaz o homem inteiro, não almeja o mero prazer, mas a perfeição. "*Ôtez l'idée de la perfection, vous ôtez l'enthousiasme; ôtez l'estime, et l'amour n'est plus rien.*"[71] Na *Nova Heloísa*, Rousseau não contrapõe esse ideal ético de perfeição ao ideal do amor; para ele, ambos estão interna e necessariamente interligados. Se na *Nova Heloísa* percebemos, tanto no tocante ao conteúdo quanto ao estilo, uma imensa distância, até mesmo uma ruptura entre a primeira e a segunda partes da obra, para a própria consciência de Rousseau tal ruptura não existia. Pois também, como artista, ele jamais renunciou às suas reivindicações e aos seus ideais éticos; ele manteve a todo momento o patos da "virtude" preservando-o de toda investida do sentimento. Só assim a "sentimentalidade" de Rousseau adquire sua carac-

---

70 *Nova Heloísa*, Parte III, Carta 18. [Hachette, IV, p.247.] ["Quero ... o bem que tu queres, e do qual és a única fonte ... Quero tudo que se liga à ordem da natureza que tu estabeleceste e às regras da razão que recebi de ti. Coloco meu coração sob tua proteção e meus desejos em tua mão. Torna todas as minhas ações conforme à minha vontade constante, que é a tua; e não permitas mais que o erro de um momento leve a melhor sobre a escolha de toda a minha vida."]

71 *Nova Heloísa*, Parte I, Carta 24. [Hachette, IV, p.56.] ["Retirai a ideia da perfeição e retirais o entusiasmo; retirai a estima, e o amor não é mais nada."]

terística específica – e só neste contexto, a força e a amplitude de sua atuação histórica se tornam completamente compreensíveis.

Em virtude de sua duplicidade original, esta "sentimentalidade" conseguiu atingir e manter-se em espíritos de formação totalmente diferente; conseguiu cativar também pensadores que se mantiveram completamente livres de qualquer espécie de "sensibilidade". Ao lado do exemplo de Kant, pode-se colocar neste caso o exemplo de Lessing. Na Alemanha, ele foi o primeiro a reconhecer a importância de Rousseau. A respeito da resposta de Rousseau à questão do concurso da Academia de Dijon, Lessing fez uma pormenorizada exposição crítica, logo após a publicação do escrito. "Não sei" – escreveu ele – "que tipo de respeito se sente por um homem que fala a palavra da virtude contra todos os preconceitos ratificados, mesmo quando exagera."[72]

Essa admiração e reconhecimento revelam-se com maior clareza na resenha de Lessing do segundo escrito filosófico de Rousseau, o *Discurso sobre a origem da desigualdade*. "Em toda parte, Rousseau é ainda o ousado sábio universal que não tem preconceitos, mesmo que eles sejam amplamente admitidos. Ele segue um caminho reto em direção à verdade sem se preocupar com as verdades aparentes que deve sacrificar a cada passo. Seu coração tomou parte em todas as suas observações especulativas e, por conseguinte, ele fala num tom bem diferente daquele de um sofista mercenário ao qual o egoísmo e a bazófia transformaram num professor de sabedoria."[73] O primeiro efeito imediato exercido pelos escritos de Rousseau particularmente na Alemanha não partiu do anúncio de Rousseau de um novo sentimento da natureza, mas baseava-se sobretudo nas reivindicações e ideais éticos que ele defendia. Rousseau tornou-se o despertador da consciência moral (*bewissen*) antes de se tornar o estimulador de um novo sentimento da natureza; a renovação gerada por ele foi entendida sobretudo como uma transformação interior, uma reforma da mentalidade.

---

72 Lessing, *Werke* (Lachmann-Muncker) IV, p.394. (Abril de 1751.)
73 Ibidem, VII, p.38. (Julho de 1755.)

Se quisermos captar a ética de Rousseau em seu cerne devemos, porém, ter em mente estabelecer com rigor os limites da observação sistemática e psicológica. À medida que apagamos esses limites surge uma imagem desfocada e vaga. O próprio Rousseau percebeu isso de maneira intensa, e queixou-se amargamente de que não lhe havia sido permitido compatibilizar verdadeiramente a vida e a doutrina. Ele pensava chegar à concretização de suas reivindicações básicas esquivando-se de ser corrompido pela sociedade na qual via a raiz de todos os males, negando categoricamente todas as exigências convencionais e livrando-se de toda moral meramente convencional. Mas por esse caminho não era possível obter uma verdadeira libertação interior. Cada vez mais, ele foi se perdendo numa oposição infrutífera, puramente exterior; alienou-se do mundo sem conquistar para si mesmo nada mais que uma mera existência de um ser esquisito que o fez recolher-se completamente em si mesmo, abandonando-o sem salvação às suas alucinações doentias. Desse modo, em sua própria existência, a revolta contra a sociedade, em vez de levar à autolibertação, levou apenas à autodestruição. Mas é um equívoco absoluto atribuir à sua *ética* as fraquezas do caráter de Rousseau e as fraquezas de seu modo de vida pessoal. A moral de Rousseau — assim julga, por exemplo, Karl Rosenkranz em sua biografia de Diderot — não passa de uma "moral indeterminada do bom coração". "Na verdade, esta moral é muito benquista, mas é ainda pior que a do '*intérêt bien entendu*' por ser bem mais casual e indeterminada. É a moral do homem natural que, por ser obediente, não se elevou a si mesmo à verdade objetiva da autodeterminação contra a lei dos costumes. De acordo com os caprichos subjetivos dela, ele faz tanto o bem quanto ocasionalmente o mal, mas afirmará o mal como um bem, uma vez que este brota do sentimento do coração bom ... Para Rousseau, toda exigência categórica do cumprimento do dever era insuportável ... Ele cumpria um dever desde que isso lhe causasse prazer, mas obedecer ao dever por amor ao dever lhe era intolerável." Rosenkranz também não exclui deste julgamento a política de Rousseau: pois ele afirma que a tendência política fundamental de Rousseau almeja fazer valer a "soberania de todo indivíduo".[74]

---

74 K[arl] Rosenkranz, *Diderot's Leben und Werke* (Leipzig, 1866), II, p.75. [Na verdade, a referência à "soberania de todo indivíduo" está na p.76.]

Dificilmente se pode pensar numa deformação e numa depreciação pior das ideias éticas e políticas fundamentais de Rousseau do que esta anteriormente descrita. Todo traço isolado dessa imagem está desfigurado. Em seu ideal de Estado e de sociedade, Rousseau pretende dar tão pouco espaço à arbitrariedade do indivíduo que a considera bem mais como um pecado contra o verdadeiro espírito de toda comunidade humana. Perante a vontade, enquanto vontade geral, cala-se o arbítrio; perante o direito do conjunto, este renuncia a toda reivindicação própria. Aí não é só a vantagem própria que deve se calar, mas também se suprime toda mera inclinação subjetiva, todo pulsar do sentimento do individual.

A ética de Rousseau não é uma ética do sentimento, mas é a forma mais categórica da pura ética da lei [*Gesetzes-Ethik*] desenvolvida antes de Kant. No primeiro esboço do *Contrato social*,[75] a lei é chamada de a mais sublime de todas as instituições humanas. É uma verdadeira dádiva do céu por força da qual o homem aprendeu em sua existência terrena a imitar os mandamentos invioláveis da divindade. Apesar disso, ela não é nenhuma revelação transcendente, mas sim uma revelação puramente imanente que se efetua nele. Essa forma de obediência livre não pode se submeter a nenhuma restrição e a nenhum limite. Onde impera o mero poder, onde um indivíduo ou um grupo de indivíduos governa e impõe as suas ordens à totalidade, é necessário e sensato estabelecer limites ao soberano e atá-lo à constituição escrita que ele não pode transgredir nem modificar. Pois toda autoridade como tal está exposta ao abuso, e o seu uso abusivo deve ser impedido e evitado na medida do possível. Todavia, todas as medidas preventivas permanecem no fundo ineficazes, pois se falta a *vontade* da legalidade como tal, as "leis fundamentais" tão cuidadosamente idealizadas e propostas ao soberano como válidas e intocáveis não podem evitar que ele as interprete ao seu modo e ao aplicá-las manipule-as ao seu bel-prazer. É inútil restringir o mero "*quantum*" de poder, se não se modifica o seu "*quale*", isto é, a sua origem e a sua le-

---

75 Sobre este esboço, cf. [Albert] Schinz, *La pensée de Jean-Jacques Rousseau*, p.354ss.

gitimação. Perante o poder usurpado – e todo poder que não se baseia na livre subordinação de todos a uma lei obrigatória e geral é usurpado –, toda restrição permanece impotente, pois na verdade ela pode estabelecer certos limites à prática da arbitrariedade, mas não pode abolir o princípio da arbitrariedade como tal.

Por outro lado, onde impera uma constituição verdadeiramente legítima – isto é, onde a lei e apenas a lei é reconhecida como soberana –, uma limitação da soberania em si é algo contraditório. Pois assim, a questão da quantidade, da mera abrangência do poder perde o sentido; trata-se aqui de seu conteúdo, e este conteúdo não admite "mais" ou "menos". A lei como tal não possui poder limitado, e sim absoluto; ela simplesmente ordena e exige de maneira incondicional. É a partir dessas convicções que o *Contrato social* foi redigido e às quais se conforma em todos os seus pormenores.

Além disso, quando Rosenkranz faz contra Rousseau a objeção de que ele reagiu contra a família enquanto fundamento do Estado, e que para ele a comunidade política consistia apenas em "pessoas-átomos", essa objeção absolutamente também deve ser relativizada.[76] Entretanto, é correto dizer que Rousseau recusa a derivação do Estado a partir da família e também a teoria do Estado puramente patriarcal. Ele vê com total clareza, no uso que se fez dessa teoria do Estado, o perigo do absolutismo. Em seu *Patriarca*, Robert Filmer utilizou-se da tese de que toda dominação humana apoia-se originalmente no poder paterno, a fim de mostrar através dela o direito divino e ilimitado dos reis – e neste aspecto Bossuet o acompanha. Contra um tal excesso do poder paterno, Rousseau afirma que ele contradiz o princípio da liberdade enquanto puro *princípio da razão*; pois a razão, depois de despertada no homem, não pode ser submetida a quaisquer tutelas. Sua maioridade, sua autodeterminação constituem sua verdadeira essência e formam o seu direito fundamental inalienável.[77]

---

76 [Cf.] Rosenkranz, op. cit., II, p.76.
77 Sobre a luta de Rousseau contra a teoria "patriarcal" do Estado, cf. sobretudo o *Discurso sobre a origem da desigualdade*, Segunda Parte, *Oeuvres*, Zweibrücken [Deux-Ponts], 1782, p.129ss. [Hachette, I, p.118ss.] e o artigo "Économie politique" na *Enciclopédia*. [Hachette, III, p.278-305.]

Mas mesmo recusando-se a atribuir a autoridade da vontade do Estado ao fato da família, Rousseau, por outro lado, está muito distante de menosprezar a família considerando-a como socialmente insignificante. Ao contrário, ele se opõe à sua desagregação e destruição; perante os costumes da época, ele se torna o eloquente advogado da família e das forças éticas primitivas que via encerradas nela. Toda a segunda parte da *Nova Heloísa* é dedicada a essa apologia da família como protetora e guardiã de todas as virtudes humanas. Mas sem dúvida, essa idealização da família está sujeita à restrição que menos procuraríamos ou presumiríamos em Rousseau, se tivermos meramente em vista a imagem tradicional de sua doutrina. Pois quanto mais Rousseau glorifica e venera a família como forma natural da comunidade humana, menos vê nela a forma verdadeiramente *moral* desta comunidade. Todos os parâmetros parecem deslocar-se de repente; os princípios do julgamento e da avaliação parecem transformar-se no seu contrário. Ante o mero "sentimento", afirma-se o primado da "razão"; ante a onipotência da "natureza", apela-se à ideia de liberdade. Rousseau não pretende abandonar a forma mais sublime de comunidade humana ao mero domínio das forças e dos instintos naturais; ao contrário, ela deve advir da força da vontade moral e existir de acordo com suas exigências. Desse modo, chegamos a um decisivo ponto de transição a partir do qual se pode abranger por inteiro toda a evolução das ideias de Rousseau – e a partir do qual se pode seguir a sua doutrina retrospectivamente em seus primeiros motivos e adiante em direção aos seus últimos objetivos.

Se avaliarmos com critérios tradicionais a doutrina de Rousseau e os seus posicionamentos no âmbito da filosofia do século XVIII, se partirmos do princípio de que o desempenho essencial de Rousseau consiste em ter contraposto a uma cultura unilateral e limitada da razão o culto do sentimento, iremos deparar, no tocante ao fundamento e à configuração da ética de Rousseau, com uma estranha anomalia. Neste ponto, a tese de Rousseau teria encontrado o seu verdadeiro apoio e passaria em sua prova. Existirá alguma esfera do ser espiritual em que a força do sentimento se possa mostrar e se afirmar com mais intensidade que a esfera da moral? O sentimento não estará predestinado ao domínio e à liderança, sobretudo lá onde se trata de criar um relacionamento imediato pessoa a pessoa? Entretanto, decepcionamo-nos logo que nos aproximamos de tais expectativas da ética e da doutrina social de Rousseau. Aí então evidencia-se o fato estranho de que Rousseau, ao contrário da opinião predominante daquele século, elimina o sentimento do fundamento da ética. Toda a ética do século XVIII deixa claro, apesar de todas as divergências de detalhe, e na medida em que há uma direção comum, que entende a questão da origem da moralidade como uma questão psicológica, e pensa poder resolver essa questão apenas aprofundando-se na natureza do sentimento moral. Parece que deve ser este o ponto de partida e o eixo de toda teoria ética. Cada vez mais inculca-se que uma tal teoria não pode ser imaginada arbitrariamente nem ser construída a partir de meros conceitos, mas deve se apoiar num fato último da natureza humana, não mais passível de análise. E pensa-se ter encontrado este fato na existência e na peculiaridade dos sentimentos de simpatia. Em Shaftesbury e Hutcheson, em Hume e Adam Smith, a filosofia moral baseia-se na doutrina dos sentimentos de simpatia e na doutrina do *"moral sentiment"*.

Desde o princípio, os pensadores do círculo enciclopedista também trilharam esse caminho. Diderot começou sua carreira como escritor filosófico comentando e traduzindo o *Inquiry concerning Virtue and Merit* de Shaftesbury. Desde então, ele se atém insistentemente à derivação da moral a partir do sentimento de simpatia. Ele vê neste último uma força psicológica primitiva *sui generis* que tentamos em vão derivar do mero amor-próprio. Quando Helvétius, em sua obra *Do espírito*, faz uma derivação semelhante; quando ele nega toda fonte autônoma da ética tentando mostrar a vaidade e o interesse próprio também como mola propulsora de todas as ações supostamente morais, Diderot opõe-se frontalmente a ele.[78] Ele tinha certeza de que o único caminho seguro, até mesmo o único possível, de uma fundamentação da comunidade humana só poderia consistir em demonstrar que tal comunidade não é meramente um produto artificial, mas

---

78 Cf. a crítica de Diderot a Helvétius, in: *Oeuvres*, Assézat, IX, p.267ss.

que tem suas raízes num instinto primitivo da natureza humana. Não foi o pacto social que a criou; ao contrário, este apenas deu forma e expressão exterior a uma coletividade que já existia. É essa a tese defendida e pormenorizadamente fundamentada por Diderot no artigo "Droit naturel" e no artigo "Société" da *Enciclopédia*. Mas é justamente contra ela que se dirige o mais severo protesto crítico de Rousseau.[79] Ele se recusa expressamente a fundamentar a sociedade num "instinto social" originariamente inerente ao homem. Neste sentido, ele não receia retroceder a Hobbes, ao contrário da concepção do direito natural, tal como havia sido fundamentada por Grotius e posteriormente desenvolvida por Pufendorf. Segundo ele, Hobbes viu de maneira inteiramente correta que no mero estado natural não existem quaisquer laços de simpatia ligando os indivíduos entre si. Nesse caso, é cada um por si procurando apenas o que é necessário à preservação da própria vida. Para Rousseau, a deficiência da filosofia de Hobbes consiste em colocar no lugar do egoísmo puramente passivo existente no âmbito do estado natural um egoísmo ativo. O impulso para espoliar e dominar com violência é algo estranho ao homem natural como tal; ele só pôde surgir e criar raízes depois que o homem passou a viver em sociedade e conheceu todos os desejos "artificiais" criados por esta. Portanto, o momento relevante na constituição anímica do homem natural não é a opressão violenta dos outros, mas a indiferença e a falta de interesse por eles.

Na verdade, para Rousseau o homem natural também é capaz de sentir compaixão, mas esta mesma compaixão não tem suas raízes numa qualidade qualquer originariamente "ética" de sua vontade, mas apenas numa dádiva da fantasia. Por natureza, o homem possui a capacidade de imaginar-se no ser e na sensibilidade do outro e esta aptidão para a "empatia" faz que ele sinta até certo

---

79 Ao comparar os textos, parece-me ficar absolutamente claro que o artigo "Droit naturel", da *Enciclopédia*, provém de Diderot – e não de Rousseau, como muitas vezes se supôs –, e que Rousseau, em seu chamado "manuscrito de Genebra" [isto é, a primeira versão do *Contrato social*], tece duras críticas a este artigo. Nessa questão, concordo com o julgamento e a argumentação de [René] Hubert em seu escrito *Rousseau et l'Encyclopédie* [Paris, 1928].

grau o sofrimento do outro como se fosse o seu.⁸⁰ Mas há uma grande distância entre essa capacidade fundada numa mera impressão sensorial e o interesse ativo, a defesa efetiva dos outros. Comete-se um estranho *hysteron proteron* e confunde-se o começo com o fim quando se faz de um tal interesse a origem da sociedade. Uma tal forma de compaixão que supera a mera autoestima pode eventualmente constituir o seu objetivo, mas não o seu ponto de partida. E também não escapamos dessa dificuldade; ao contrário, nós a intensificamos ainda mais quando, em vez de apelarmos ao mero sentimento, apelamos à "razão" do indivíduo que o ensina que ele não conseguirá alcançar a sua própria felicidade a não ser promovendo ao mesmo tempo a felicidade dos outros. "Toda a constituição da sociedade" – escreve Diderot no artigo "Société" da *Enciclopédia* – "funda-se num princípio geral e simples. Quero ser feliz, mas convivo com pessoas que tal como eu também querem ser felizes; procuremos então um meio de alcançar a nossa felicidade levando em consideração a delas, ou no mínimo sem lhes causar quaisquer danos."⁸¹

Mas quem vê o surgimento da sociedade a partir de tais ponderações comete, segundo Rousseau, novamente uma estranha confusão. Faz do homem natural um "filósofo"; leva-o a refletir e a raciocinar sobre a felicidade e o infortúnio, sobre o bem e o mal. No estado da natureza, não pode haver uma harmonia entre o interesse próprio e o interesse geral. O interesse do indivíduo não corresponde de modo algum ao da coletividade, ambos excluem-se mutuamente. Assim, nos primórdios da sociedade, as leis sociais são apenas um jugo que um quer impor ao outro sem pretender ele próprio submeter-se a esse jugo.⁸²

Por conseguinte, ao entusiasmo acrítico com o qual Diderot havia enaltecido o estado natural como o estado da inocência e da paz, da felicidade e da benevolência mútua, Rousseau contrapõe uma imagem bastante sóbria.

---

80 Sobre a "psicologia do homem natural" de Rousseau e sobre a sua crítica a Hobbes, cf. sobretudo o *Discurso sobre a origem da desigualdade*, Primeira Parte. [Hachette, I, p.86.]
81 [*Oeuvres*, Assézat, XVII, p.133.]
82 Cf. o artigo de Rousseau "Economie politique" na *Enciclopédia*.

"Oh, vocês" – Diderot faz a natureza dizer aos seus filhos – "que, de acordo com o impulso que lhes incuti, ambicionam a todo momento de sua existência a felicidade, não se oponham à minha suprema lei! Trabalhem para a sua bem-aventurança, desfrutem-na sem temor e sejam felizes! [...] Em vão, vocês supersticiosamente procuram o seu bem-estar além das fronteiras da Terra sobre a qual minha mão o colocou [...] Ousem livrar-se do jugo da religião, de minha orgulhosa rival que desconhece e despreza os meus direitos. Renunciem a todos os deuses que usurparam com violência o meu poder, e submetam-se novamente às minhas leis [...] Retornem para mim, para a natureza; irei consolá-los e livrá-los de todos os medos que os oprimem, de toda intranquilidade que os dilaceram [...] de todo ódio que separa as pessoas de seus semelhantes. De volta à natureza, à humanidade e a si mesmos, espalhem em toda parte flores na estrada de suas vidas."[83]

Diante dessa efusão lírica, a descrição que Rousseau faz do homem primitivo, bem como da comunidade primitiva, soa absolutamente dura e fria. Essa descrição também está impregnada de traços míticos, mas comparada com o idílio escrito por Diderot ou por Bernardin de Saint-Pierre, ela parece quase realista. Pois Rousseau não está mais sujeito às ilusões psicológicas tão caras a todo o século XVIII, e com as quais este sempre adorava se envolver. Ao proteger o "homem primitivo" à medida que não vê nele nenhuma ganância ou sede de poder originária, nem propensão para oprimir os outros, opondo-se assim a Hobbes, ele tampouco lhe atribui uma benevolência imediata e uma solicitude natural. Ele nega que exista no homem qualquer instinto primitivo que o impulsione à vida comunitária e o mantenha nela, e desse modo contesta a base sobre a qual Grotius, Shaftesbury e a maioria dos enciclopedistas[84] haviam erigido suas teorias da origem da sociedade e da moralidade.

---

83 [Diderot, *Oeuvres*, Assézat, IV, p.110; do último capítulo de *Système de la nature*, de Holbach. Os editores de Diderot mantêm que este capítulo é quase certamente obra de Diderot, mas a questão não está totalmente assentada.]
84 Sobre as diversas formas de teoria social que acabaram se desenvolvendo no círculo dos enciclopedistas, consulte-se sobretudo a exposição minuciosa de [René] Hubert, *Les sciences sociales dans l'Encyclopédie* (Paris, 1923).

Mas desse modo, e também no que se refere à própria teoria de Rousseau, caímos ao que parece num novo dilema. Pois quando renuncia ao otimismo psicológico do século XVIII, Rousseau parece assim estar retirando o chão sob seus próprios pés. Afinal, esse otimismo não é o sustentáculo mais resistente, até mesmo o único, de sua tese da "bondade original" da natureza humana? E não é justamente essa doutrina que está no centro de toda a sua filosofia? Não é ela o foco de sua metafísica, de sua filosofia da religião e de sua doutrina educacional? Renunciando ao otimismo psicológico, Rousseau não vai novamente ao encontro do pessimismo teológico? Ele não incorre mais uma vez no dogma do "pecado original" que combateu e rejeitou de maneira tão apaixonada?

Mas é justamente aí que se abre para ele um novo caminho. O que lhe é característico e peculiar é o fato de procurar proteção contra esse pessimismo teológico num outro lugar, diferente do que haviam feito Shaftesbury e o direito natural. Na sua opinião, a "bondade" do homem, afirmada e sempre defendida por ele, não é uma qualidade primitiva do sentimento, mas uma direção e uma determinação básica de sua vontade. Essa bondade não se funda numa propensão instintiva qualquer da simpatia, mas na capacidade de autodeterminação. Portanto, a sua verdadeira prova não se encontra nos impulsos de benevolência natural, mas no reconhecimento de uma lei moral à qual a vontade individual se submete espontaneamente. O homem é "bom por natureza", desde que justamente esta natureza não se reduza a impulsos sensoriais, mas se eleve por si mesma e sem ajuda externa até atingir a ideia de liberdade. Pois o dom específico que distingue os homens de todos os outros seres naturais é o dom da perfectibilidade. Os seres humanos não permanecem para sempre em seu estado primitivo, mas ambicionam superá-lo; não se satisfazem com a extensão e o tipo de existência que receberam de imediato da natureza, e não desistem antes de terem criado e construído uma nova forma própria de existência.

Contudo, renunciando desse modo à condução da natureza, eles se entregam à proteção dela e a todos os benefícios com os quais ela originalmente os presenteou. Eles se veem lançados num caminho sem fim e expostos a todos os perigos nele existentes. E especialmente em seus primeiros escritos, Rousseau não se cansa de ilustrar esses perigos. É da "perfectibilidade" que brota toda inteligência do homem, mas também todos os seus erros; que brotam as suas virtudes, mas também os seus vícios. Ela parece elevá-lo acima da natureza, mas torna-o ao mesmo tempo um tirano da natureza e de si mesmo.[85] Entretanto, não podemos renunciar a ela, pois a marcha da natureza humana não se deixa deter: *"la nature humaine ne rétrograde pas"*.[86]

Não podemos resistir ao "progresso", mas, por outro lado, não podemos nos entregar a ele assim sem mais. Trata-se de guiá-lo e de determinar autonomamente o seu objetivo. Em sua marcha evolutiva até o presente momento, a "perfectibilidade" enredou o homem em todos os males da sociedade e levou-o à desigualdade e à servidão. Mas ela, e apenas ela é capaz de tornar-se para ele um guia no labirinto no qual ele se perdeu. Ela pode e deve abrir-lhe novamente o caminho para a liberdade. Pois a liberdade não é um presente que a bondosa natureza deu ao homem desde o berço. Ela só existe na medida em que ele próprio a conquistar, e a posse dela torna-se inseparável desta conquista constante.[87] Por isso, o que Rousseau exige da comunidade humana e o que ele espera de sua estruturação futura não é que ela aumente a felicidade do homem, o seu bem-estar e os seus prazeres, mas assegure-lhe a liberdade devolvendo-o assim à sua verdadeira determinação. Ao utilitarismo das teorias enciclopedistas do Estado e da sociedade, ele opõe com clareza e convicção o puro *ethos* do Direito. E encontra afinal nesse *ethos* a prova suprema, até mesmo a única, da bondade original da natureza humana. Só quando se considera e avalia corretamente esse momento no conjunto da visão fundamental de Rousseau é que o novo princípio defendido por ele vem à tona.

Evidencia-se então que também a sua referência ao "sentimento" traz em si duas tendências absolutamente diferentes. A partir

---

85 *Discurso sobre a origem da desigualdade*, Primeira Parte. [Hachette, I, p.90. Cf. acima, p.75-6].
86 [Cf. acima, p.54].
87 [Cf. a fala de Fausto em *Fausto*, de Goethe, Parte Dois, Ato V:
   Nur der verdient sich Freiheit wie das Leben, Der täglich sie erobern muss.

da força primitiva do sentimento, Rousseau obtém uma nova compreensão da natureza; com ela, se transporta para o centro de sua presença viva. Quando o espírito lógico matemático dos séculos XVII e XVIII transformou a natureza num mero mecanismo, Rousseau redescobre a alma da natureza. Ao formalismo e ao esquematismo abstrato do sistema da natureza, tal como nos chega no *Système de la nature* de Holbach, Rousseau contrapõe o seu amplo sentimento da natureza. Através dele, encontra o caminho de volta à realidade da natureza, à sua abundância de vida e de formas. O homem só consegue entender esta abundância de formas entregando-se de imediato a ela. Desse modo, a passividade, o repouso nas milhares de impressões que a natureza nos presenteia sem cessar, torna-se a fonte do verdadeiro prazer e da verdadeira compreensão.

Mas surge para o homem uma questão nova e mais difícil, na medida em que ele pretende não somente falar a sós com a natureza, na solidão e no isolamento de seu eu, mas se vê transportado para o meio das atividades do mundo humano, o mundo social. O próprio Rousseau já tinha percebido que, ante este mundo, toda riqueza individual e toda intensidade do mero sentimento se tornaram impotentes – que ameaça despedaçar-se nele. E assim ele, o visionário sentimental, colocado diante dessa nova decisão, torna-se um político radical.

Ele próprio, ao descrever a sua vida, destacou essa transição com toda clareza. Nas *Confissões*, descreve que o que primeiramente o havia remetido ao caminho da teoria política e havia dado o pontapé inicial do plano de suas *"Institutions politiques"* fora o fato de entender que na existência humana tudo está radicalmente relacionado com a forma de governo, de modo que um povo jamais poderia se tornar diferente daquilo que a natureza de suas leis e de suas instituições políticas fizeram dele.[88] Diante *dessa* natureza, porém, não podemos persistir na mera passividade. Nós não a encontramos, precisamos produzi-la; precisamos dar-lhe forma agindo de maneira livre. E essa conformação não pode ser confiada

---

88 Cf. *Confissões*, Livro IX, no início. Cf. acima, p.65. [As *Institutions politiques* seriam o grande trabalho sobre política que Rousseau havia planejado e de que faria parte o *Contrato social*.]

ao mero sentimento, mas deve originar-se de uma concepção e de uma antecipação de ordem moral. Rousseau não deixa quaisquer dúvidas de que essa concepção também não se origina do mero "entendimento" e não se deixa dissolver na forma da mera reflexão. Também não se pode inventar e calcular as máximas do comportamento ético e os princípios da verdadeira política; nem se pode demonstrá-los de maneira puramente lógica. Eles possuem a sua própria espécie de "imediatez" – mas essa imediatez não é mais a do sentimento, e sim a da razão. Os verdadeiros princípios da moral não se fundam em qualquer autoridade, seja humana seja divina, nem no poder da prova silogística. São verdades que só se deixam apreender intuitivamente; mas justamente essa intuição não é negada a ninguém pois constitui a força fundamental e a essência do próprio homem. Não precisamos nos esforçar para encontrar esse conhecimento "inato" pelo caminho da análise abstrata ou da educação e do ensino; basta afastar os obstáculos existentes entre ele e nós a fim de apreendê-lo em sua total clareza e em sua certeza imediatamente convincente.

A par da imediatez da intelecção surge, portanto, a imediatez da intelecção moral, mas ambas não têm a mesma origem. Pois, num caso, trata-se de uma força passiva da alma, noutro, de uma força ativa. Lá atua a capacidade da entrega; só ela nos dá o acesso à natureza e nos faz extinguir nosso próprio ser a fim de simplesmente vivermos nela e com ela; trata-se aqui da elevação e do desenvolvimento deste ser, o que nos permite ver toda a amplitude da tarefa que cabe ao homem. Essa tarefa permanece insolúvel para o indivíduo como tal; ela só pode ser realizada no âmbito da comunidade e com suas forças. Para Rousseau, essas forças, porém, ultrapassam a esfera da mera "natureza". Do mesmo modo que renunciou ao utilitarismo da teoria social dos enciclopedistas, renunciou também ao naturalismo. Ele não baseia a comunidade humana na mera vida instintiva; não considera o instinto para a felicidade nem o instinto natural da "simpatia" como um fundamento suficiente e resistente. Ao contrário, a verdadeira e única base segura para ele reside na consciência da liberdade e na ideia do direito que está inseparavelmente ligada a essa consciência. Ambos, contudo, não brotam da passividade do sentimento nem da mera capacidade de ter impressões, mas da espontaneidade da vontade. Rousseau reporta-se a essa espontaneidade para demonstrar o caráter originário do eu e o sentido inalienável e inderivável do "próprio-ser" ante o determinismo e o fatalismo do *Système de la nature*. "Nenhuma criatura material é ativa por si mesma, mas eu sou. Pode-se contestar isso; eu o sinto, e esse sentimento que me fala é mais forte que a razão que o combate. Tenho um corpo sobre o qual outros atuam e que atua sobre outros; essa ação recíproca está fora de dúvida; mas minha vontade é independente de meus sentidos [...] Se me abandono às tentações, ajo de acordo com os estímulos que recebo dos objetos externos. Quando repreendo em mim essa fraqueza, só escuto minha vontade. Sou escravo pelos meus vícios e livre pelos meus remorsos; o sentimento de minha liberdade só se extingue em mim quando me deparo e quando impeço a voz da alma de se elevar contra a lei do corpo."[89]

Desse modo, a consciência moral também permanece para Rousseau uma espécie de "instinto" – ela não se baseia num mero "raciocínio" reflexivo, mas surge de um impulso imediato. Contudo, entre ela e o mero instinto físico de autoconservação estabelece-se não obstante uma fronteira rigorosa. A consciência não é um instinto meramente natural, é um instinto "divino": "*Conscience! Conscience! instinct divin, immortelle et céleste voix, guide assuré d'un être ignorant et borné, intelligent et libre; juge infaillible du bien et du mal, qui rend l'homme semblable à Dieu. C'est toi qui fais l'excellence de sa nature et la moralité de ses actions: sans toi je ne sens rien en moi qui m'élève au-dessus des bêtes, que le triste privilège de m'égarer d'erreurs en erreurs à l'aide d'un entendement sans règle et d'une raison sans principe*".[90]

---

89 "Profissão de fé do vigário de Saboia", [Hachette, *Emílio*, Livro IV. [II, p.251.]
90 [Ibidem (Hachette, II, p.262).] ["Consciência! Consciência! instinto divino, voz imortal e celeste, guia seguro de um ser ignorante e limitado, inteligente e livre; juiz infalível do bem e do mal, que torna o homem semelhante a Deus; és tu que fazes a excelência de sua natureza e a moralidade de suas ações: sem ti, nada sinto em mim que me eleve acima dos animais, a não ser o triste privilégio de me perder de erro em erro, com a ajuda de um entendimento sem regras e de uma razão sem princípio."]

Com estas famosas palavras da "Profissão de fé do vigário de Saboia" encontramo-nos então no verdadeiro centro da doutrina de Rousseau relativa ao sentimento. Somente aqui se revela sua verdadeira peculiaridade; abre-se aqui a nova dimensão em virtude da qual ela se distingue clara e nitidamente das diferentes direções da "sentimentalidade" no século XVIII. A sentimentalidade de Rousseau tem suas raízes em sua visão e em seu sentimento da natureza, mas eleva-se daqui em direção a um novo mundo – ela indica o caminho para o *intelligible* e somente aí encontra a sua verdadeira realização. Desse modo, o sentimento, no sentido dado por Rousseau, é um "cidadão de dois mundos".

O que dificulta o exame dessa relação fundamental, e o que também sempre acabou confundindo o julgamento histórico acerca de Rousseau é uma circunstância singular no uso da linguagem feito por ele. A terminologia de Rousseau designa as duas dimensões basicamente diferentes, nas quais o sentimento se estende, com uma única expressão. A palavra *"sentiment"* possui uma conotação ora naturalista ora idealista; é utilizada ora no sentido da mera sensação [*Empfindung*] ora no sentido do julgamento e da decisão moral. Deve-se atentar cuidadosamente para esse duplo sentido que, porém, quase nunca parece ter sido notado na literatura sobre Rousseau, pois sem ele os fios já bem entrelaçados de sua doutrina ameaçam emaranhar-se ainda mais. Para Rousseau, o sentimento (*"sentiment"*) é ora uma mera afecção psíquica ora uma ação característica e essencial da alma. "Existo e possuo sentidos através dos quais tenho impressões. Essa é a primeira verdade com a qual deparo e que não posso deixar de aceitar. Será que tenho um sentimento específico de minha existência (*un sentiment propre de mon existence*) ou sinto-a apenas mediante minhas sensações (*ou ne la sens-je que par mes sensations*)? Essa é a minha primeira dúvida que, a princípio, não consigo resolver. Pois sendo continuamente afetado por sensações, diretamente ou pela memória, como posso saber se o sentimento do *eu* é algo fora dessas mesmas sensações e se pode existir independentemente delas?"[91]

---

91 [Ibidem (Hachette, II, p.240). As passagens em francês constam do texto de Cassirer.]

Há dois caminhos que nos levam para além desta dúvida. O primeiro é o caminho do julgamento que nos dá acesso a uma região da consciência inatingível através da mera sensação. Na sensação, os conteúdos apresentam-se separados e isolados; no julgamento, esse isolamento desaparece; comparam-se diversas ideias e relacionam-se diversos objetos. É somente essa capacidade de distinguir e associar que dá à cópula do julgamento, à palavra "é", seu significado característico. Não se pode apreender o sentido objetivo desse "é" pela mera sensação, e a força lógica que lhe é inerente não é capaz de se tornar compreensível através dela. Para compreender esse sentido e essa força devemos nos reportar a um fazer espiritual e não a um mero sofrer. "Em vão procuro num ser puramente sensorial a força inteligente que se compara e que julga; não posso vê-la em sua natureza. Esse ser passivo sempre perceberá cada objeto em separado [...] mas como não possui a capacidade de relacionar um conteúdo com o outro, não os comparará, nem os julgará [...] Essas ideias comparativas – o *maior*, o *menor*, assim como as ideias numéricas de *um*, *dois* etc. não são certamente sensações, embora meu espírito só as produza por ocasião de minhas sensações."[92]

Só a partir desta base é que se pode compreender o fenômeno do erro. Pois o erro como tal jamais se baseia num mero engano dos sentidos, mas num engano do julgamento. Nenhum engano ocorre no mero ato de sofrer uma impressão; ele surge somente quando o espírito se comporta de maneira ativa ante ele, quando toma uma decisão sobre a realidade ou irrealidade, sobre o ser-assim ou ser-diferente do objeto que corresponde à impressão. E aqui abre-se outra vez um mundo novo. Pois a verdadeira região na qual nosso eu está sempre sendo chamado para tais decisões não é o comportamento teórico, mas o prático. Por isso, é no querer e não no pensar que se revela a verdadeira essência do eu; somente nele é que se abre a plenitude e a profundidade do sentimento de si. Novamente, Rousseau distingue com absoluta precisão esse sentimento da mera "sensação", de acordo com sua constituição e sua origem; mas, por outro lado, deve-se separá-lo

---

92 [Ibidem (Hachette, II, p.241).]

agora também das operações meramente lógicas, dos atos de pensar e de julgar. "Les actes de la conscience ne sont pas des jugements, *mais des sentiments*; quoique toutes nos idées nous viennent du dehors, *les sentiments qui les apprécient sont au dedans de nous*, et c'est par eux seuls que nous connaissons la convenance ou [la disconvenance qui existe entre nous et les choses que nous devons rechercher ou fuir."[93] Fecha-se aqui o círculo da teoria do sentimento de Rousseau, pois o sentimento ergue-se agora bem acima da "impressão" passiva e da mera sensação; ele assimilou a pura atividade do julgamento, da avaliação e da tomada de posição. E assim, então, atingiu sua posição central no conjunto das forças anímicas: ele aparece agora não mais como uma "capacidade" especial do eu, mas, ao contrário, como a sua própria fonte de origem – como a força primitiva do eu da qual brotam todas as outras e da qual devem se nutrir sempre se não quiserem definhar e morrer.

O que capacita o sentimento a ter esse desempenho é o momento dinâmico que encerra, e forma segundo Rousseau seu caráter essencial. O retorno à dinâmica do sentimento revela uma camada profunda do eu no âmbito da qual fracassa a psicologia sensualista que se mantém na superfície das meras "sensações". Desse modo, Rousseau, partindo daí, retorna por um caminho absolutamente próprio, de Condillac a Leibniz. Historicamente, essa guinada é ainda mais notável pois não se conhece em lugar nenhum uma influência imediata das ideias básicas de Leibniz sobre Rousseau. A doutrina epistemológica inserida por Rousseau na "Profissão de fé do vigário de Saboia" lembra-nos frequentemente passo a passo os *Novos Ensaios* de Leibniz – mas sabe-se que esta obra só foi publicada em 1765, três anos depois do lançamento do *Emílio*, segundo o manuscrito na biblioteca de Hannover.

Mais significativo que o abandono da filosofia de Condillac é o motivo pelo qual se deu este abandono. Durante muito tempo,

---

93 Ibidem [Hachette, II, p.261]. ["Os atos da consciência não são julgamentos, mas *sentimentos*; embora todas as nossas ideias nos venham de fora, *os sentimentos que as apreciam estão dentro de nós*, e é apenas por meio deles que conhecemos a adequação ou [a] inadequação que existe entre nós e as coisas que devemos buscar ou evitar." Grifos acrescentados por Cassirer.]

Rousseau manteve-se completamente sob o encanto das concepções básicas de Condillac. Ligou-se a Condillac não somente por uma estreita amizade pessoal, mas este desde o princípio tornou-se o seu guia e mestre admirado em todas as questões relativas à doutrina epistemológica e à psicologia analítica. No *Emílio*, também essa dependência de modo algum é superada. Ela se destaca inequivocamente na maneira como Rousseau coloca ali o seu pupilo ascendendo passo a passo do "concreto" ao "abstrato", do "sensorial" ao "intelectual". Temos aqui, diante de nós, essencialmente nada mais que a aplicação pedagógica daquela famosa imagem cunhada por Condillac no *Tratado das sensações* – a imagem da estátua que vai sendo gradualmente despertada para a vida à medida que cada um dos sentidos registra nela suas impressões.

Mas ao mesmo tempo em que persegue esta imagem de maneira consequente, Rousseau é levado aos limites de sua aplicabilidade. Mesmo baseando todo o conhecimento da realidade exterior apenas sobre um acúmulo e uma combinação de impressões sensoriais, não se pode, contudo, por esse caminho, explicar nem estruturar o mundo interior. Podemos soprar no mármore morto a vida sensível, e podemos fazer esta vida expandir-se cada vez mais até revelar-se nela por fim o horizonte total das coisas, dos objetos visíveis. O que *não* lhe damos por este caminho, o que não podemos lhe infundir de fora é o sentimento da espontaneidade e a consciência da vontade fundada nesse sentimento. Aqui, toda analogia com os acontecimentos mecânicos exteriores fracassa e rompe-se o fio da "associação" ao qual a doutrina de Condillac procura reduzir todos os conteúdos e acontecimentos psíquicos. Pois não se pode explicar atividades a partir da passividade, como tampouco se pode derivar a unidade do eu, a unidade de seu "caráter" moral, de uma multiplicidade de meras "sensações". Se quisermos nos aprofundar na natureza da vontade, entender a sua peculiaridade e compreender a sua lei básica, precisamos tomar uma decisão e ousar dar o passo para dentro de um mundo diferente daquele que nos abre a percepção sensível.

Por isso, para Rousseau, a ruptura com todo o "positivismo" neste ponto torna-se inevitável. Ele exigiu e efetuou tal ruptura não como teórico do conhecimento, mas como teórico da moral. D'Alembert, em seus *Éléments de Philosophie*, aplica o princípio metodológico do positivismo de maneira consequente também ao fundamento da moral e da filosofia social. "A sociedade" – explica ele – "surgiu de necessidades puramente humanas e funda-se em motivos puramente humanos. A religião não participa de sua formação inicial [...] O filósofo satisfaz-se em indicar ao homem o seu lugar na sociedade e em conduzi-lo até ele; cabe ao missionário levá-lo novamente aos pés do altar."[94]

Para Rousseau, porém, não se pode mais colocar a questão desta forma. Ele também, junto com a totalidade dos enciclopedistas, recusa um fundamento transcendente da ética e da doutrina do Estado e da sociedade. Não se pode tirar do homem a tarefa de ordenar seu mundo – e nesta sua configuração e comando, ele não pode e não deve contar com uma ajuda de cima ou com uma assistência sobrenatural. A tarefa está colocada para *ele* – e deve ser solucionada com seus recursos, com recursos puramente humanos. Mas justamente ao se aprofundar no caráter desta tarefa, impõe-se lhe a certeza de que seu próprio eu não está preso aos limites do mundo sensorial. Partindo da imanência e da autonomia ética, ele avança agora em direção ao centro do ser "inteligível". Ao dar a lei a si mesmo, ele demonstra não estar simplesmente subordinado à necessidade da natureza.

Desse modo, para Rousseau, a ideia de liberdade está indissoluvelmente ligada à ideia de religião; ela, porém, não se funda na religião, mas constitui, ao contrário, o próprio fundamento desta. O ponto central da religião reside desde então única e exclusivamente na teologia ética. E é esse traço que diferencia a filosofia da religião de Rousseau de toda concepção positivista e empírica, bem como de todas as formas de pragmatismo religioso. Schinz, que em sua obra sobre Rousseau pretendeu dar uma nova interpretação de toda sua doutrina, aproximou bastante a doutrina religiosa de Rousseau das modernas formas de religiosidade pragmática. Para Rousseau, o sentido da religião – assim afirma ele – está implícito em seu desempenho; e seu desempenho mais elevado, até mesmo único, consiste em assegurar e promover a felicidade do homem. A sua verdade permanece dependente do cumprimento

---

94 D'Alembert, "Essai sur les éléments de philosophie" [Cap.] vii, in: *Mélanges de littérature, d'histoire et de philosophie* (nova edição; Amsterdã, 1763), p.80.

desta tarefa. Não existe no círculo da religião nenhuma verdade meramente abstrata; aqui, ao contrário, vale apenas o que se relaciona diretamente com a existência concreta do homem, o que interfere nesta existência, a apoia e incentiva. Por isso, validade religiosa e certeza religiosa é apenas o que aponta para este objetivo e o serve imediatamente. Desse modo, segundo a interpretação de Schinz, Rousseau não estava muito interessado em fundamentar uma filosofia "verdadeira", enquanto uma filosofia útil – e no tocante a esta última, ele entendia uma doutrina que assegurasse ao homem a felicidade não somente numa existência no Além, mas aqui mesmo, sobre a Terra.[95] Com isso, porém, designa-se no máximo um determinado momento da concepção religiosa fundamental de Rousseau, mas de modo algum se expõe o seu verdadeiro cerne. Pois este cerne não reside no problema da felicidade, mas no problema da liberdade.

Tal como todo o século XVIII, Rousseau pelejou continuamente com a questão da compatibilidade entre "felicidade" e "virtude" e com a questão da harmonia entre "felicidade" e "merecer a felicidade". Mas foi justamente através dessas lutas que ele superou interiormente a problemática do mero eudemonismo. A própria felicidade recebe cada vez mais uma determinação puramente "inteligível", em vez de uma determinação sensorial. Somente o que leva o homem ao encontro desta determinação e o que o prende a ela pode ser chamado de felicidade verdadeira e essencial. Assim, não é o livre fluir dos instintos, mas a sua restrição e o seu domínio o que nos assegura a felicidade suprema, a felicidade da personalidade livre. Por isso, do mesmo modo que a doutrina do conhecimento e a ética defendidas por Rousseau na "Profissão de fé do vigário de Saboia", a doutrina religiosa tem também aqui o seu verdadeiro núcleo: é na ideia de "personalidade" e não na de felicidade que os fios de sua filosofia se concentram.

O desenvolvimento da filosofia da religião de Rousseau também está inteiramente dominado por essa ideia. Ela parte do princípio de que onde se trata de dar à personalidade um *dos moi pou sto*, um

---

95 Schinz, *La pensée de Jean-Jacques Rousseau*, p.466 e 506, entre outras.

centro seguro e imperdível, todas as determinações meramente periféricas devem ser mantidas afastadas. Aqui, toda forma da mera mediação malogra: pois é da essência da mediação que também seu resultado possua apenas valor mediato e jamais possa adquirir um significado definitivo e absoluto. A convicção religiosa pode ser apenas autoconvicção, um assegurar-se através do eu e para o eu, mas não uma garantia através de conhecimentos e testemunhos exteriores. Assim, tudo o que está simplesmente construído sobre tais fundamentos, o que apela, a título de apoio, a um saber legado e transmissível é, por isso mesmo, destituído de valor religioso. Ainda que pudéssemos ter certeza da verdade "objetiva" de uma tal tradição, a mera forma de sua demonstração bastaria para retirar dela todo o seu conteúdo religioso. A abundância de testemunhos empírico-históricos não pode nos aproximar da verdadeira origem da certeza religiosa, mas afasta-nos cada vez mais de sua fonte originária. Só lá onde o homem descobre o seu próprio ser no ser de Deus, e onde compreende a natureza e a substancialidade de Deus, a partir do saber imediato relativo à sua própria natureza, é que essa certeza se revela.

Quem compreende a religião de outro modo, transforma-a em mera fé milagrosa ou em mera fé livresca – mas acaba mostrando assim que existe para ele uma espécie de certeza que é superior à verdadeira autoexperiência do religioso. É somente a desconfiança em relação a essa autoexperiência que faz o homem recorrer a testemunhos e provas de outra espécie. Entretanto, quem desconfia de si mesmo, pode contar com os outros somente em virtude de uma contradição interior. Por conseguinte, o significado histórico-espiritual da filosofia da religião de Rousseau pode ser designado com uma única palavra. Ela consiste no fato de que ele retira do fundamento da religião a doutrina da *"fides implicita"*. Ninguém pode crer por um outro e por meio de um outro; em religião, cada um deve falar por si e ousar mobilizar todo o seu eu. *"Nul n'est excepté du premier devoir de l'homme; nul n'a droit de se fier au jugement d'autrui."*[96] Não há dúvida de que com estas frases Rousseau se reporta novamente ao verda-

---

96 ["Profissão de fé do vigário de Saboia", in: *Emile*, Livro iv (Hachette, II, p.278).] ["Ninguém está excluído do primeiro dever do homem; ninguém tem o direito de fiar-se no julgamento de outrem." A edição Hachette traz *exempt* no lugar de *excepté*.]

deiro princípio básico do protestantismo, mas ante a configuração histórica do protestantismo no século XVIII, esse retorno significa de fato uma autêntica redescoberta. Pois nem o calvinismo nem o luteranismo tinham superado a doutrina da "*fides implicita*" de maneira tão radical: eles tinham apenas deslocado o seu centro colocando no lugar da fé na tradição a fé nas palavras da Bíblia. Rousseau, ao contrário, suprime todo tipo de "inspiração" exterior à esfera da experiência pessoal, e para ele a forma mais profunda de autoexperiência, até mesmo a única, é a experiência da consciência moral. Todo saber religioso autêntico e original brota da consciência moral e subsiste nela – o que não pode ser derivado dessa fonte nem está inteiramente encerrado e contido nela é supérfluo e discutível.

Certamente não é por acaso que Rousseau não tenha reservado a essa profissão de fé um escrito especial, preferindo inseri-lo no *Emílio*. Essa inserção é tudo, menos uma ligação meramente literária – ela está fundamentada na concepção geral do *Emílio*. Não existe um esclarecimento melhor desta concepção geral do que olhar a doutrina da educação de Rousseau no espelho de sua doutrina religiosa e olhar esta, por sua vez, no espelho da primeira. Na realidade, há somente uma ideia básica que ambas defendem e expõem a partir de posições diferentes. A primeira parte do *Emílio* pretende inculcar a máxima de que aquilo que chamamos de experiência exterior só aparentemente chega ao homem vinda "de fora". Mesmo o âmbito do universo sensorial só se torna realmente conhecido por aquele que o percorre no sentido verdadeiro. A arte da educação não pode consistir em poupar ao aluno essa caminhada nem em dar-lhe antecipadamente uma certa soma de conhecimentos a respeito do mundo físico sob a forma de "Ciências" rigidamente estabelecidas. Toda mediação desse tipo pode gerar nele apenas um conhecimento indeterminado e problemático; pode apenas enriquecer a sua memória, mas não fundamentar e formar o seu saber.

Também neste caso, cada um proporciona só a si mesmo a verdadeira intelecção, mesmo aquela relacionada a objetos sensoriais. É um problema do discípulo produzir essa intelecção em si mesmo, e não problema do educador implantá-la nele. Ele só conhece o mundo adquirindo-o e conquistando-o passo a passo. E essa conquista não pode se efetuar através de um "saber" meramente abstrato e passivo. Ao contrário, só consegue conhecer o mundo físico aquele que aprendeu desde cedo a concorrer com ele. Suas forças são apreendidas apenas de maneira imperfeita quando se tenta reduzi-las a fórmulas teóricas; elas precisam ser experimentadas e dominadas na prática se quiserem se tornar familiares a nós. Rousseau pretende fazer emergir o saber do mundo físico desse contato indireto com os objetos. Em toda parte, a familiaridade direta com as coisas, que só pode ser alcançada no fazer, deve formar o estágio preliminar do conhecimento delas e fundamentá-lo. Por isso, mesmo a Física não pode ser "ensinada" no verdadeiro sentido da palavra, mas deve ser estruturada pelo próprio aluno na evolução de sua própria experiência. Ele não deve saber nada mais do que aquilo que já experimentou em si mesmo; não deve considerar verdadeiro nada mais do que aquilo que aprendeu de imediato.

É exatamente a mesma exigência colocada aqui em relação à experiência sensível que se impõe na "Profissão de fé do vigário de Saboia" no tocante à experiência "espiritual". Também aqui vale o princípio da "autópsia" incondicional – e este princípio de examinar-se e encontrar-se a si mesmo adquire ainda mais importância à medida que se ingressa na verdadeira esfera da consciência de si, no reino da "personalidade". O postulado da autópsia se reforça aqui num postulado da autonomia. Toda verdadeira convicção ética e religiosa deve estar baseada nela; toda "instrução" moral, toda "doutrina" religiosa permanecem simplesmente ineficazes e infrutíferas se desde o princípio não se limitarem a querer atingir o objetivo do autorreconhecimento e do conhecimento. Desse modo, é a reformulação da ideia de educação que exige e possibilita uma reorganização, uma "reforma" da religião. Mais tarde, ao ver o desenvolvimento da religião sob a óptica da "educação do gênero humano", Lessing acabou efetuando uma síntese já preparada por Rousseau e necessária segundo o ponto de vista de sua filosofia.

Mas por mais claramente que se revele aí a unidade da concepção do *Emílio*, as dificuldades que esta obra oferece não são de modo algum eliminadas. O próprio Rousseau viu nela a verdadeira coroação de seu pensamento e de sua criação literária; ele apontou reiteradamente que só aqui se tornou visível o alvo que todas as diferentes direções de seu pensamento ambicionam alcançar e no qual se unem.[97] Entretanto, à primeira vista parece difícil, até mesmo impossível, manter essa unidade. Pois entre todos os escritos de Rousseau ricos em paradoxos, o *Emílio* é talvez a sua obra mais paradoxal. Em nenhuma outra obra ele parece abandonar-se tanto ao ímpeto da fantasia e à construção e ter perdido tão completamente todo sentimento relacionado à "realidade nua e crua" das coisas. Desde o início, a obra fica fora das condições da realidade social. Ela desliga o discípulo de todas as relações com a comunidade humana; de certo modo, coloca-o num espaço sem ar. Os muros dessa prisão fecham-se em torno dele cada vez mais estreita e firmemente. Ele é cuidadosamente afastado de todo contato com a sociedade e com suas formas de vida, e, em vez disso, cerca-o uma grande imagem fictícia, uma espécie de fantasmagoria social que o educador cria para ele artificialmente como por encanto.

E o peculiar aí é, e continua sendo, que todo esse sistema das ficções sociais erigido penosamente não vai servir a nenhum outro objetivo a não ser à verdade. Ele deve livrar o discípulo do caráter antinatural das convenções sociais e reconduzi-lo à simplicidade e à singeleza da natureza. Mas não é agir supremamente contra a natureza quando, desta maneira, escondemos da criança a ordem existente das coisas? E, por outro lado, essa tentativa não está desde o princípio condenada à impotência? Na realidade, o educador vê-se obrigado a cada passo a não somente suportar em silêncio a realidade que ele cuidadosamente queria afastar dos olhos do discípulo, mas também a evocá-la a fim de fazê-la servir ao seu objetivo. Exige-se e utiliza-se essa ajuda de fora nos pontos de transição decisivos do desenvolvimento espiritual e moral – pensemos, por exemplo, na conversa entre Emílio e o jardineiro cujo objetivo é transmitir-lhe e fazê-lo entender o primeiro conceito de propriedade. Desse modo, por fim, o fanático amor à verdade, que deveria conduzir esse sistema de ensino, degenera em um sistema estranhamente complicado de ilusões e de truques pedagógicos cuidadosamente calculados.

---

97 Cf. sobretudo *Rousseau juge de Jean-Jacques*, Terceiro Diálogo; nas *Confissões* (Livro XI), Rousseau também se refere ao *Emílio* como o "melhor e o mais importante" de seus escritos. [Nas *Confissões* (Hachette, IX, p.16), Rousseau chama o *Emílio* de *"mon dernier et meilleur ouvrage"*.]

Mas surge aí uma outra questão. Qual é o verdadeiro telos desta educação e onde reside o objetivo último para o qual Emílio deve ser educado? Rousseau não se cansa de nos inculcar que este objetivo não deve ser procurado fora da criança, mas que só pode ser procurado nela mesma. Mas de qual "si mesmo" se trata aqui? O indivíduo como tal deve realmente permanecer encerrado em seu círculo? Ele deve ser tolerado com toda sua maneira de ser e idiossincrasia e ficar circunscrito a elas? Será que a educação almeja nutrir e cultivar todas as particularidades do eu, todas as suas veleidades e caprichos? Não há nela nenhum fim universal, nenhuma obrigação objetiva?

De fato, Rousseau foi muitas vezes censurado por ter eliminado qualquer tipo de obrigação. Criticaram-no não somente por ter retirado da educação a coação, mas também por ter abandonado e negado com isso o conceito de dever. "Falta a essa educação" – assim foi dito – "aquilo que é o fundamento de toda educação: o conceito de dever. Trata-se de formar um ser humano. A verdadeira definição do ser humano, porém, consiste no fato de ele ser uma criatura que pode assumir obrigações [...] Esse, portanto, deve ser o fundamento da educação, da *humanitas* [...] e é justamente isto que não encontramos em Rousseau."[98]

Supondo que essa concepção esteja correta, a doutrina da educação de Rousseau estaria assim condenada não somente no aspecto sistemático, mas também se tornaria incompreensível no sentido histórico e biográfico. Afinal, todos os projetos políticos de Rousseau não estavam animados por um fortíssimo entusiasmo pela "lei"? E Rousseau não tinha designado como o verdadeiro objetivo de toda teoria política estabelecer o plano de uma constituição que garantisse a partir de si mesma o domínio mais perfeito e incondicional da lei? Será que no *Emílio* ele teria sido infiel a essa exigência? Teria se colocado em flagrante contradição com o *Contrato social* que não dá nenhum espaço à vontade individual como tal, exigindo dela, porém, que se entregue à vontade geral sem quaisquer reservas e se abandone a ela? De fato, quem

---

98 [Emile] Faguet, *Dix-huitième siècle* (Paris, 1898), p.356.

retirar o conceito de dever do plano educacional do *Emílio*, deve chegar a esta conclusão – deve esclarecer que entre a pedagogia de Rousseau e a sua política existe um antagonismo irremediável e difícil de entender. Na totalidade de sua obra, as ideias políticas – assim julga aquele crítico que defende essa concepção da doutrina educacional de Rousseau – formam um corpo completamente estranho; o *Contrato social* encontra-se em aguda contradição com todos os seus outros escritos.[99]

Mas realmente devemos supor que a doutrina e a personalidade de Rousseau estão de tal modo cindidas que ambas continuamente não apenas oscilam entre opostos extremos, mas também nem sequer se apercebem destas oposições como tais? Dificilmente poderemos adotar tal perspectiva de interpretação – e isso não será necessário enquanto restar algum caminho para unir objetivamente a tendência do *Emílio* com a do *Contrato social*. E não será difícil efetuar tal união contanto que fique evidente que desde o princípio Rousseau entende a palavra e o conceito "sociedade" num duplo sentido. Ele diferencia de maneira categórica a forma empírica da sociedade da forma ideal – o que ela *é* sob as condições presentes do que ela *pode* e *deve* ser no futuro.

De modo algum o plano educacional de Rousseau se nega a educar Emílio tornando-o um "cidadão"; mas com certeza ele o educa exclusivamente para ser um "cidadão como aqueles que virão". A sociedade atual não está madura para este projeto. Ela quer e deve ser mantida cuidadosamente afastada para que sua "realidade" empírica não obscureça as possibilidades ideais que devem ser estabelecidas e afirmadas em contraposição ao ceticismo do século. A força que mantém coesa a sociedade atual não é outra a não ser a convenção do hábito e da inércia natural. Esta sociedade permanecerá sempre o que foi se um dever categórico, uma vontade incondicional de renovação, não se opuser a ela. E como poderia surgir esta vontade, como poderia ser moldada e fortalecida enquanto o indivíduo se mo-

---

[99] Ibidem, p.383ss.

vimentar continuamente no círculo da sociedade e sucumbir à sua moral e aos seus costumes, aos seus julgamentos e aos seus preconceitos?

O plano educacional do *Emílio* pretende impedir essa decadência espiritual e moral. Ele coloca o discípulo fora da sociedade com o intuito de evitar que seja contaminado por ela – e de fazê-lo encontrar e percorrer o seu próprio caminho. Mas de modo algum esta particularidade, este despertar para a autonomia do julgar e do querer, contém a vontade de isolar-se como exigência definitiva. Tal como o Nathan de Lessing teme por Al-Hafi, Rousseau teme que seu discípulo "desaprenda a ser um homem justamente entre os homens".[100] É exatamente por causa da *humanitas* que ele exclui a cooperação da *societas*: pois ele separa com absoluta exatidão o significado universal da humanidade de seu significado meramente coletivo. Ele renuncia ao coletivo no homem a fim de fundamentar um universo novo e verdadeiro da humanidade. Para isso não é necessária a colaboração de muitos – pois cada um pode descobrir por e dentro de si a imagem originária e dar-lhe forma a partir de si mesmo.

O que Rousseau nega categoricamente é o poder educacional do exemplo. O exemplo apara e nivela – ele imprime em todos que o seguem uma forma comum. Mas este "comum a todos" não é de modo algum o verdadeiro e autêntico universal. Ao contrário, este só é encontrado se cada um, ao seguir a sua própria percepção, constatar nele e por força dele uma solidariedade necessária entre a sua vontade e a vontade geral. Mas para isso necessita-se certamente de um longo caminho. O passo aqui exigido não se consegue concretizar na infância. Pois ele é uma prerrogativa, até mesmo um traço característico e privilégio da *razão* a qual existe na criança somente de acordo com a "aptidão", mas não consegue

---

100 [Consulte-se Lessing, *Nathan der Weise*, Ato I, Cena 3:
... *Al-Hafi, mache, dass du bald*
In deine Wüste wieder kommst. Ich fürchte,
Grad' unter Menschen möchtest du ein Mensch
Zu sein verlernen.]

tornar-se eficaz. É inútil querer forçar esta eficácia antes do tempo. Rousseau critica incisivamente todo "moralismo" como tal, toda inculcação de verdades morais abstratas, mesmo que esta inculcação seja feita sob uma forma supostamente apreensível pela criança, como, por exemplo, a fábula.

Também aqui, ele defende o ideal da educação "negativa". O educador não pode acelerar o desenvolvimento da razão; ele só pode preparar-lhe o caminho à medida que afasta os obstáculos que o obstruem. Após conseguir neutralizar esses entraves, ele fez tudo o que podia fazer. Todo o resto deve ser unicamente obra do discípulo, pois no mundo da vontade cada um só é verdadeiramente aquilo que autonomamente fez de si mesmo.

Como quer que se avalie sistematicamente esta concepção básica de Rousseau, uma coisa é certa: entre ela e as partes restantes de sua obra não existe nenhuma discrepância. A pedagogia e a política, a ética e a filosofia da religião interpenetram-se aqui completamente e são apenas desenvolvimentos e aplicações de um mesmo princípio. E assim desfaz-se também uma outra contradição. Vimos que Rousseau nega um "instinto social" originário no ser humano, e que se recusa a basear a sociedade num tal instinto. No *Emílio*, entretanto, parece a princípio que essa doutrina também foi esquecida, pois no meio da "Profissão de fé do vigário de Saboia" encontramos novamente a referência a uma inclinação originária; e parece ter se derivado dela o conceito de dever e de consciência moral. "*Quelle que soit la cause de notre être, elle a pourvu à notre conservation en nous donnant des sentiments convenables à notre nature ... Ces sentiments, quant à l'individu, sont l'amour de soi, la crainte de la douleur, l'horreur de la mort, le désir du bien être. Mais si, comme on n'en peut douter, l'homme est sociable par sa nature, ou du moins fait pour le devenir, il ne peut l'être que par d'autres sentiments innés, relatifs à son espèce; car à ne considérer que le besoin physique, il doit certainement disperser les hommes au lieu de les rapprocher. Or c'est du système moral formé par ce double rapport à soi-même et à ses semblables que naît l'impulsion de la conscience. Connaître le bien, ce n'est pas l'aimer: l'homme n'en a pas la connaissance inné;*

mais sitôt que sa raison le lui fait connaître, sa conscience le porte à l'aimer; c'est ce sentiment qui est inné".[101]

Contudo se, segundo esta passagem, uma relação necessária com a comunidade for inerente ao indivíduo, se essa relação não tiver sido de modo algum enxertada nele, mas for "inata", não significa pecar contra a natureza quando impedimos o seu livre desenvolvimento? Não se cai justamente assim no perigo que Rousseau pretendia evitar? Não se coloca assim um produto artificial meramente arbitrário no lugar do homem verdadeiro? Não se cria um *"homme de l'homme"* e passa-se ao largo do *"homme de nature"*? Mas mais uma vez trata-se aqui de evitar a ambiguidade do conceito de natureza de Rousseau. O vínculo que liga o homem à comunidade é "natural" – mas não faz parte de sua natureza física, e sim de sua natureza racional. É a razão que estabelece esse vínculo e determina a partir de si a natureza desse vínculo. Desse modo, também para Rousseau, o homem é um ser político, caso igualemos sua natureza com seu destino – mas ele não é um *animal* político, não é um *zoon politikon*. Renuncia-se ao fundamento biológico da sociedade a fim de se colocar em seu lugar um fundamento ético puramente ideal. Esta idealidade, porém, não pode ser exigida da criança como tal, pois a *sua* existência e a sua compreensão não ultrapassam o círculo da vida instintiva. E esta condição de sua existência não pode ser modificada por uma mera *doutrina*. Por isso, renuncia-se a toda instrução e a toda admoestação moral, uma vez que ela está de antemão condenada à impotência.

---

101 [Hachette, II, p.261-2.] ["Qualquer que seja a causa de nosso ser, ela assegurou a nossa conservação dando-nos sentimentos que convêm à nossa natureza ... Esses sentimentos, no que se refere ao indivíduo, são o amor de si, o medo da dor, o horror da morte, o desejo de bem-estar. Mas se, como é indubitavelmente o caso, o homem é sociável por natureza, ou pelo menos procura tornar-se sociável, ele só pode sê-lo por meio de outros sentimentos inatos relativos à sua espécie. Pois, considerada por ela mesma, a mera necessidade física deve certamente dispersar os homens em vez de aproximá-los. Ora, é do sistema moral formado por essa dupla relação consigo mesmo e com seus semelhantes que nasce o impulso da consciência. Conhecer o bem não é amá-lo: o homem não tem dele o conhecimento inato; mas assim que sua razão lho faz conhecer, sua consciência o leva a amá-lo; é este o sentimento que é inato."]

Também aqui deixa o discípulo encontrar o que necessariamente encontrará e deverá encontrar, logo que para ele chegar o tempo de participar do "espetáculo das ideias". Então, segundo a firme convicção de Rousseau, surgirá desta espécie de idealismo ético um idealismo político-social autêntico. O homem não verá mais o objetivo da comunidade na mera satisfação instintiva, e não a julgará baseado na amplitude alcançada por esta sua satisfação. Ele verá nela, ao contrário, a fundadora e a guardiã do direito – e entenderá que no cumprimento desta tarefa está assegurada se não a felicidade, pelo menos a dignidade da humanidade. Foi neste sentido que Kant leu e interpretou o *Emílio* de Rousseau: e pode-se dizer que esta interpretação é a única que conserva a unidade interna da obra de Rousseau e insere o *Emílio* sem ruptura interna e sem contradições no conjunto da obra.

Se resumirmos mais uma vez o resultado dessas observações, redundará daí o quanto foi longo e difícil o caminho que Rousseau teve de percorrer antes de conseguir expressar de forma puramente conceitual as experiências básicas pessoais das quais sempre partiu, e expô-las no contexto de uma doutrina filosófica objetiva. A elaboração e justificação rigorosamente sistemática desta doutrina não foi a meta almejada por ele nem ele se sentia à sua altura. "Os sistemas de todas as espécies" – assim escreveu certa vez em uma carta – "são muito elevados para mim [...] Refletir, ponderar, tapear, insistir [*combater*] – isto não é comigo. Entrego-me à impressão do momento sem resistências e sem escrúpulos; e posso fazer isso, pois estou certo de que minha alma ama apenas o bem. Todo o mal que fiz na vida adveio da reflexão, enquanto o pouco de bom que pude fazer eu o fiz por impulso."[102]

Não somente as ideias de Rousseau, mas também o seu estilo mostram em toda parte esta característica. Este estilo não se submete, nem se curva ante as exigências rigorosas apresentadas pelo classicismo francês e erigidas como leis básicas da "*art de penser*" e da "*art d'écrire*". Ele desliza constantemente da linha rigorosa do

---

102 [Do rascunho de uma carta ao velho Mirabeau, *circa* 25 de março de 1767, em Théophile Dufour, *Correspondance générale de J.-J. Rousseau* (Paris: Colin, 1924-1934), XVII, p.2-3.]

raciocínio; não somente permite que a coisa fale por si, mas também quer transmitir a impressão individual inteiramente pessoal da coisa. Nada foi tão veementemente combatido por Rousseau que o ideal de um estilo "abstrato" friamente fatual. "Se somos animados por uma viva convicção, como poderíamos então ter uma linguagem gélida? Se Arquimedes, arrebatado pela nova descoberta que acabara de fazer, saiu correndo nu pelas ruas de Siracusa, seria por isso a verdade encontrada por ele menos verdadeira só porque ela o encheu de entusiasmo? Muito pelo contrário, quem sente a verdade não consegue adorá-la; e quem se mantém frio ante ela, jamais a viu."[103]

Desse modo, Rousseau, tanto em seu raciocínio quanto em sua linguagem, permanece "único" e obstinado. Com orgulho, ele assumiu essa singularidade. "Não sou feito" – assim afirma no início das *Confissões* – "como qualquer um daqueles que vi até agora; ouso crer que não sou feito como qualquer um dos que existem [...] a natureza [...] destruiu a forma que me serviu de molde."[104] Mesmo assim, por mais que permanecesse consciente dessa singularidade, Rousseau era animado por um ímpeto fortíssimo para a comunicação e o entendimento. Ele jamais renunciou à ideia da verdade "objetiva" e às exigências da moralidade "objetiva". Precisamente por isso, ele fez de sua vida e de sua existência inteiramente pessoal o *organon* dessa ideia. Completamente voltado para si e de certo modo ensimesmado, ele avança, contudo, para problemas de alcance absolutamente universal – problemas que ainda hoje não perderam sua força e urgência e que sobreviverão por muito tempo à forma contingente, individual e temporalmente condicionada que Rousseau lhes deu.

---

103 *Lettres écrites de la montagne*, Prólogo. [Hachette, III, p.117.]
104 [*Confissões*, Livro I. (Hachette, VIII, i).]

AGRADECIMENTOS*

O editor agradece com apreço a generosidade demonstrada pelas seguintes pessoas ao tornarem possível a publicação das Edições e Estudos do Bicentenário: os curadores da Columbia University e da Columbia University Press, Sra. W. Murray Crane, Sr. James Grossman, Sr. Herman Wouk e amigos do falecido Robert Pitney, que desejam permanecer anônimos.

Gostaria de agradecer igualmente a vários colegas e amigos por sua crítica construtiva da "Introdução". Os professores Jacques Barzun, Richard Hofstadter, Franz Neumann, Henry Roberts e a Srta. Gladys Susman leram os manuscritos de minha "Introdução" com cuidado e discernimento pelos quais sou grato. Os professores Ralph Bowen e Jack Stein ajudaram-me a localizar várias citações elusivas, e o Sr. J. Christopher Herold dedicou-se, tanto à "Introdução" quanto à tradução, muito mais do que a função de editor lhe exigiria.

Finalmente, gostaria de agradecer a permissão para citar várias passagens de C. E. Vaughan, *The Political Writings of Jean-Jacques Rousseau* (Cambridge: Cambridge University Press, 1915), 2v.

P.G.

---

* (Da edição americana).

POSFÁCIO*

Em 1953, ao examinar a literatura que havia se aglutinado em torno de Jean-Jacques Rousseau desde que Ernst Cassirer publicou seu marcante ensaio em 1932, encontrei os estudos rousseaunianos florescendo. Trabalhos substanciais de Charles W. Hendel e Robert Derathé, ambos trazendo as marcas da maneira como Cassirer interpretou Rousseau, chamaram-me particularmente a atenção. Uma década mais tarde, aproveitei duas oportunidades para revisitar essa pujante produção e não fiquei menos impressionado.[1] Em três volumes densamente argumentados, explorando

---

* Peter Gay não fornece, aqui, dados sobre local e editora das publicações citadas. Para preservar o critério utilizado pelo mesmo autor em seu "Prefácio", procuramos acrescentar, sempre que possível, o complemento da referência integral, entre colchetes, para toda a bibliografia mencionada. Informações complementares, atualizando alguns comentários do autor (cf. notas 7 e 19), também foram introduzidas entre colchetes. Adicionamos ainda, do mesmo modo, as informações bibliográficas de todas as traduções brasileiras dos títulos citados por Gay. (N. T.).

1 A primeira surgiu em 1963, no pequeno prefácio à edição *paperback* de *The Question of Jean-Jacques Rousseau*; a segunda, um ano mais tarde, num estudo mais longo, "Reading about Rousseau", capítulo numa coleção de ensaios, *The Party of Humanity: Studies on the French Enlightenment* [New York: W. W. Norton], p.211-61.

com destreza o volumoso e disperso material autobiográfico deixado por Rousseau – as cartas, escritos publicados e todos os seus memoriais –, Jean Guéhenno dispôs-se a reconstruir sua real existência. Explicitamente evitando os dúbios benefícios da retrospecção, o autor reconstrói minuciosamente as experiências de Rousseau, por vezes, dia a dia, para descobrir o que deve ter significado ser Jean-Jacques Rousseau em qualquer momento crítico da vida do genebrino.[2] O ambicioso empreendimento de Guéhenno forneceu um necessário corretivo à versão cuidadosamente elaborada de si próprio que Rousseau havia legado à posteridade em suas famigeradas e demasiado influentes *Confissões*.

A paciente recuperação da vida de Rousseau elaborada por Guéhenno a partir de todos os testemunhos disponíveis indica uma guinada no interior da exegética de Jean-Jacques. Isto não significou que os trabalhos publicados de Rousseau tenham sido descurados, mas que foram integrados à totalidade de sua existência. Talvez uma tentativa ainda mais notável e, provavelmente, ainda mais influente de se extrair o âmago do ser Rousseau é encontrada no justamente célebre estudo de Jean Starobinski sobre este problema.[3] Como Cassirer, Starobinski identificou uma unidade essencial em Rousseau, mas, ao contrário do primeiro, a discerniu especialmente nos obscuros e absconsos recessos das mais íntimas experiências de Rousseau. Starobinski explicitou, assim, o estilo psicológico e empático de análise interpretativa. Note-se que Cassirer estava longe de igno-

---

2   Jean Guéhenno, *Jean-Jacques*, v.1, *En marge des "Confessions"*, 1712-1750; v.2, *Roman et vérité*, 1750-1758; v.3, *Grandeur et misère d'un esprit*, 1758-1778 [Paris: Gallimard] (1948-1952). Existe tradução em inglês elaborada por John e Doreen Weightman, *Jean-Jacques Rousseau*, 2v. [New York: Columbia University Press] (1966).
3   *Jean-Jacques Rousseau; la transparence et l'obstacle* [Paris: Gallimard] (1957; 2. ed. revisada, 1971). Uma versão em inglês, *Jean-Jacques Rousseau: Transparency and Obstruction* [Chicago: University of Chicago Press] foi recentemente (1988) publicada. [Trad. bras.: *Jean-Jacques Rousseau: a transparência e o obstáculo*. São Paulo: Cia. das Letras, 1991.] Starobinski voltou a Rousseau em vários outros trabalhos, salientando-se "Rousseau et l'origine des langues", in: *Europäische Aufklärung. Herbert Dieckmann zum 60. Geburtstag* (1967), p.281-300, e "Rousseau et l'éloquence", in: R. A. Leigh (Ed.) *Rousseau After Two Hundred Years, Proceedings of the Cambridge Bicentennial Colloquium* [Cambridge: Cambridge University Press] (1982), p.185-205.

rar a vida interior de Rousseau, mas deliberadamente concentrou-se nos textos rousseaunianos publicados. Conforme Starobinski, o primeiro evento traumático que estabeleceu o palco para a tormentosa e angustiada vida – e obra – de Rousseau teve lugar em sua infância. Foi um episódio apenas aparentemente insignificante: injustamente acusado de quebrar um pente e incapaz de persuadir seus acusadores de que não era culpado, Rousseau defrontou-se com a trágica contradição entre sua consciência transparente e os obstáculos que um mundo obtuso e cruel havia erigido impedindo que sua inocência fosse estabelecida. A partir daí, a separação de Rousseau, sua alienação dos demais, a tensão entre *transparência* e *obstáculo* tornaram-se para ele um persistente sofrimento, obsessivamente examinado e masoquisticamente revisitado. O que queria e precisava mais do que tudo era restaurar a transparência e sobrepujar a alienação. Esta dolorosa e, ao final, intolerável tensão dissemina-se ao longo dos escritos de Rousseau pelo resto de sua vida. A "unidade de intenção" nestes escritos, afirma Starobinski, "visa à preservação ou à restauração da transparência".[4]

Um apanhado tão sumário não pode fazer justiça à sutileza da investigação de Starobinski. Porém, mesmo um rápido exame de seu livro mostrará que, ao estudar os escritos de Rousseau em bloco, tanto os publicados quanto os não publicados, Starobinski logrou articular os mais díspares elementos da obra rousseauniana. Sem ultrapassar os limites de sua argumentação, estabeleceu que as mais crassas contradições podem ser dissolvidas. Em Rousseau, sanidade e loucura, teorias racionais e fantasias irracionais, discurso pedagógico sensato e motes educacionais utópicos, evocações de experiências internas por parte de um homem sensível e uma postura autoindulgente, todos têm fonte comum e usam formas de expressão notavelmente similares.[5]

O livro de Starobinski é instigante o suficiente para explicar sua popularidade. Mas sua acolhida também foi devida à época em que ocorreu: os estudiosos de Rousseau pareciam estar pron-

---
4 Starobinski, *Jean-Jacques Rousseau*, p.14.
5 Consulte-se meu sumário mais completo em "Reading about Rousseau", *The Party of Humanity*, p.232-6.

tos para a abordagem internalista. É significativo que em seu sutil *Jean-Jacques Rousseau: A Study in Self-Awareness* [Aberystwyth: University of Wales Press], publicado em 1961, quatro anos depois do livro de Starobinski, Ronald Grimsley alcance conclusões muito similares, embora tenha chegado a elas por meios e métodos próprios.[6] Da mesma forma, não parece ser acidental que o primeiro volume de moderna edição autorizada das obras completas de Rousseau principie por seus escritos autobiográficos, incluídos os reveladores fragmentos.[7] Muito claramente, havia chegado a hora de se descobrir o homem na obra, sem que se reduzisse a obra ao homem.

A acuidade da análise sustentou-se sobre a pesquisa acadêmica. As *Oeuvres complètes* em andamento ao longo dos anos 60 tiveram seu papel nesta redescoberta de Rousseau. O aparato crítico de cada um dos alentados volumes – notas, comentários, bibliografias, que em conjunto ocupam cerca de um terço do livro – é impressionante em sua erudição e quase asfixiante em seu detalhe. Um outro empreendimento, a meticulosa publicação da correspondência de Rousseau, já antes copiosamente editada, mas agora apresentada em versão definitiva, foi produto dos anos 60 e 70. Começando em 1965 e concluindo seu heroico esforço em 1976, em 45 volumes [Genebra: *Correspondance complète de Jean-Jacques Rousseau*. Institut et Musée Voltaire], Ralph A. Leigh cansou seus olhos decifrando os rascunhos de Rousseau, anexou documentos relevantes, indicou elusivas referências e registrou anotações virtualmente ilegíveis. Desde então, nenhum estudioso de Rousseau pode justificadamente reclamar por seu material de trabalho ser escasso ou não confiável.

---

6 Dois outros livros de Grimsley também merecem ser mencionados neste contexto: *Rousseau and the Religious Quest* [Oxford: Clarendon Press] (1968), ensaio razoável e sucinto; e *The Philosophy of Rousseau* [Oxford: Oxford University Press] (1973), que consegue condensar uma investigação completa, embora concisa, de todo o pensamento de Rousseau em aproximadamente 170 páginas.

7 Jean-Jacques Rousseau, *Oeuvres complètes*, Bernard Gagnebin, Robert Osmont, Marcel Raymond (Ed.), 4v., até o momento [Paris: Pléiade] (1959-1969). Os volumes 2 e 3 vieram à luz em 1961 e 1964, respectivamente. [O quinto e último volume da série já foi lançado na França.]

Desde meados dos anos 60, a torrente de estudos sobre Rousseau não tem esmorecido. Isto não deve chocar ninguém. Uma gama de interpretações conflitantes, atraentes demais para serem ignoradas, sobreviveu aos mais heroicos esforços dos estudiosos anteriores de Rousseau – Cassirer entre eles – no intuito de produzir algo semelhante a uma leitura definitiva. Mais que isso, o próprio Rousseau permite tal variedade de interpretações (diriam seus detratores: ele é tão escorregadio e autocontraditório) que continua a ensejar novas abordagens. Além disso, nosso terrível século, com seus campos de concentração e seus *gulags*, viu-se incapaz de deixar Rousseau de lado. Seus notórios preceitos de que os homens devem ser forçados a ser livres ou de que os ateus deveriam ser punidos com a morte geraram ecos que renovaram os velhos ataques antirrousseaunianos – e as velhas defesas. Finalmente, vários estudos especializados enfocando aspectos específicos da obra de Rousseau ou períodos estritamente delimitados de sua vida demonstraram que mesmo se reconhecendo que muito foi dito desde a publicação do ensaio de Cassirer, muito ainda havia por dizer.

Dentre os que têm desempenhado esta tarefa, encontramos J. G. Merquior, com uma análise sociológica comparativa, *Rousseau and Weber: Two Studies in the Theory of Legitimacy* [London: Routledge](1980) [trad. bras., *Rousseau e Weber: dois estudos sobre a teoria da legitimidade*. Rio de Janeiro: Guanabara, 1990]; Carol Blum, numa reconstrução do impacto de Rousseau sobre a geração revolucionária, *Rousseau and the Republic of Virtue: The Language of Politics in the French Revolution* [Ithaca: Cornell University Press] (1986); Robert Wokler, por meio de seu abrangente e denso *Social Thought of J.-J. Rousseau* [New York: Garland] (1987); e Edward Duffy, escrevendo sobre *Rousseau in England: The Context for Shelley's Critique of the Enlightenment* [Berkeley: University of California Press] (1979). Merquior conclui que o "último, *verdadeiro* paradoxo" do pensamento de Rousseau consiste em que ele tinha de ser, ao mesmo tempo, "um anarquista retrógrado, profundamente oposto ao curso da história social", e "o homem que fundou o moderno pensamento democrático e, assim, o moderno princípio da legitimidade" (p.86). Delineando o trajeto da ideia moderna de legitimidade de Rousseau a Weber, "um século e meio" que se constituiu "no período mais rico da história da teoria política" (p.202), ele engenhosamente insere o pensamento político-sociológico de Rousseau na história. Carol Blum, associando Rousseau à Revolução Francesa, juntou-se àquele ainda exíguo clã de estudiosos que visam investigar a influência póstuma de Rousseau – como qualquer estudo sobre influências, uma armadilha tanto para o simplista como para o impressionista. Ela antecipa sua tese no título: foi o conceito rousseauniano de virtude que sobreviveu na Revolução e foi apropriadamente usado por Maximilien Robespierre e Madame Roland e por publicistas contrarrevolucionários que, afora isso, tinham muito pouco em comum. E ela demonstra que eu, por minha vez, havia sido um tanto simplista ao sustentar que "as ideias de Voltaire, dos enciclopedistas e de Rousseau desempenharam uma parte relativamente menor nos discursos e pensamento revolucionários" (p.17).[8] Ela tem uma certa razão: mesmo que apenas alguns poucos dentre os oradores revolucionários tenham citado Rousseau diretamente, aqueles que o fizeram foram homens e mulheres com poder. O que persistiu ao longo da Revolução foi a vaga, agradável e sedutora imagem de Rousseau como o homem virtuoso, bem mais do que suas propostas e análises políticas concretas.

A meticulosa pesquisa de Wokler se concentra sobre os trabalhos de Rousseau referentes à política, sociedade, música e linguagem, engendrados e escritos entre 1750 e 1756, começando pelos primeiros discursos. A cuidadosa leitura de Wokler o capacitou a reconstruir a situação intelectual na qual Rousseau se encontrava quando seu polêmico primeiro discurso sobre as artes e ciências lhe trouxe numerosas reações críticas. Como Wokler mostra, foi em suas réplicas a essas respostas que, passo a passo, Rousseau desenvolveu seu próprio pensamento. Finalmente, o estudo de Duffy a respeito do impacto exercido por Rousseau sobre os românticos ingleses, notável em sua economia, parece-me ser um modelo para outros ensaios similares. Estudos seletivos

---

8 Blum está citando um de meus ensaios, "Rhetoric and Politics in the French Revolution", originalmente apresentado como conferência em 1960, publicado no ano seguinte e, novamente, em sua forma revisada, em *The Party of Humanity: Studies in the French Enlightenment* (1964), p.176.

detalhados desse tipo podem ser vistos como os primeiros degraus na direção de uma nova síntese de Rousseau, da mesma forma que as sínteses mais antigas de Cassirer, Wright e outros das décadas precedentes propiciaram terreno para novos trabalhos.

Como resultado, um exame da literatura recente leva o leitor – ao menos levou este leitor – a sentimentos totalmente contraditórios. Deparei com oportunidades para um entendimento mais amplo e com uma sensação de *déjà-vu*. Este conflito aprofundou-se ainda mais, da década de 1960 em diante, pela invasão da interpretação de Rousseau promovida pelos críticos literários de linhagem desconstrucionista.

Indubitavelmente, a área mais promissora – certamente a mais tentadora – para o continuado estudo de Rousseau permaneceu sendo a abordagem psicológica. Infelizmente, ela tem sido com frequência associada a alusões soltas, amiúde um tanto irresponsáveis, à política contemporânea. Como observei em minha "Introdução", praticamente ninguém conseguiu resistir à propensão a se psicologizar Rousseau. Mas um número demasiado grande de leitores assumiu as conspícuas manifestações de severa psicopatologia nos últimos anos de Rousseau como licença para concluir que em seus momentos mais hígidos já estaria infectado pela paranoia que assolaria seu período final. Mesmo comentadores favoravelmente inclinados em relação a Rousseau sentem-se compelidos a avaliar seu estado mental e a relacioná-lo à sua obra. Estes intérpretes têm sugerido ser mínima a distância entre as neuroses de Rousseau e seu propósito geral, e eles não deixam de percorrê-la.[9] A sutileza da abordagem de Starobinski ganhou poucos imitadores.

---

9 Veja-se, por exemplo, a elegante aula inaugural de John McManners na Universidade de Leicester em 1967. Comentando a propensão de Rousseau para os diálogos, ele escreve: "Em sua contínua dialética interna, suas próprias paixões, incertezas e divisões estão presentes em todo lugar. *O Contrato social* não é exceção. Da mesma forma que suas outras grandes obras, ele foi escrito com paixão, tendo a si próprio e aos contraditórios 'eus' em si próprio como o ponto central de referência". E ainda, "... é no *Contrato social* e através do processo de auto-humilhação que Rousseau consegue avançar em meio às infinitas teias de solidão – tecido delicadíssimo, mas resistente como o aço – que tece a seu redor". ("The Social Contract and Rousseau's Revolt Against Society" [1968], p.19.)

Esta linha de raciocínio é particularmente problemática dado que muitos daqueles que se concentraram sobre a enfermidade psicológica de Rousseau utilizaram essa leitura da mente como uma arma. Para estes autores, Rousseau, o louco, seria Rousseau, o totalitário. Assim, Lester Crocker, no segundo volume de sua biografia, na seção provocativamente intitulada "The Authoritarian Personality" ["A personalidade autoritária"], afirma taxativamente: "A obra de Rousseau está enraizada em sua personalidade e em seus problemas íntimos. Separá-los é se arriscar a perder de vista uma dimensão integral em nossa intelecção de cada um deles. Não seria, por exemplo, inconsistente com seu notável poder de autoiludir-se se realmente acreditou, no *Contrato social*, estar protegendo o indivíduo e seus direitos ao entregá-los para a todo-poderosa coletividade". A bem da verdade, Crocker prudentemente acrescenta que "isto não torna a filosofia política de Rousseau redutível a mera expressão de sua personalidade. Ela possuía, a seu ver, credibilidade intelectual própria e a anuência de sua inteligência incisiva".[10] Entretanto, esta ponderada ressalva não impede que Crocker assevere: "qualquer que seja o ponto de vista de que partamos, quaisquer que sejam as evidências e autoridades que consultemos, somos levados novamente à mesma conclusão. O homem e a obra formam um todo e iluminam um ao outro com luz infalível. As contradições em ambos são as mesmas e, ao ser compreendido o seu relacionamento, são eles entrelaçados na complexa unidade de seu ser".[11] Eu deveria ser o último dos historiadores a protestar contra a análise psicológica das ideias, mas esta equação fácil forçosamente leva a identificações suspeitas. De fato, o que se infere da "unidade complexa" que Crocker diagnostica em Rousseau é o totalitarismo. Referindo-se a Rousseau e Robespierre, Crocker mantém que "o governo jacobino foi de muitas formas uma tentativa de se alcançar o Estado coletivista total do *Contrato social*, em que o 'patriotismo

---

10 *Jean-Jacques Rousseau: The Prophetic Voice (1758-1778)* [New York: Mac--Millan] (1973), p.189. O primeiro volume, *Jean-Jacques Rousseau: The Quest (1712-1758)* [New York: MacMillan] havia surgido em 1968.
11 Ibidem, p.196.

virtuoso' imperaria".[12] Esta conclusão me parece supremamente anistórica; ela retira certas passagens de seu rico contexto clássico e as força sobre uma época – a nossa própria – para a qual elas não se dirigiam e a que não foram aplicadas.[13] É difícil não concluir a partir de tal leitura que o fascismo, o nazismo, ou o comunismo não tenham sido inspirados por Rousseau.

Finalmente, aquilo que chamei de invasão da interpretação de Rousseau por críticos literários, um fenômeno que surgiu nos anos 60, demonstrou-se não menos mal direcionado. Na verdade, esses críticos introduziram confusões por eles mesmos criadas. Os desconstrucionistas, muito notavelmente Jacques Derrida[14] e Paul de Man, fascinaram-se por Rousseau e se voltaram em particular para seu ensaio inacabado sobre a origem das línguas. Eles se propuseram a entender Rousseau complicando-o, e insinuaram, ou abertamente declararam, que ninguém antes deles havia de fato lido Rousseau corretamente. Assim, na introdução a seus ensaios sobre Rousseau em *Allegories of Readings* (1979), Paul de Man lamenta a "divisão de trabalho" entre os intérpretes de Rousseau, conforme a qual críticos literários especializam-se na obra literária rousseauniana e historiadores e cientistas sociais concentram-se em seus escritos propriamente

---

12 Crocker, *Rousseau's Social Contract: An Interpretive Essay* [Cleveland: Western Reserve University Press] (1968), p.120.
13 Entre os mais hostis críticos de Rousseau em nosso século, J. H. Huizinga não tem rival. Veja-se seu *Rousseau, the Self-Made Saint: A Biography* [New York: Viking Press] (1976). Ainda que defenda admiráveis valores liberais, Huizinga o faz à custa de uma análise séria e desce à pura vituperação. Para citar apenas uma instância dentre um conjunto amplo: ao mencionar o conselho de Rousseau aos poloneses para que abolissem os festivais, Huizinga afirma que "Jean-Jacques foi ainda mais longe que aqueles seus pupilos modernos ao criarem as marchas de Nuremberg e ao atrelarem o esporte ao serviço da nação através de instituições como o *Kraft durch Freude*" (p.233). Sob este aspecto, ensaios recentes como o de Gisèle Bretonneau, "Stoïcisme et valeurs chez J.-J. Rousseau" (1977), alinhado a uma rica tradição da interpretação rousseauniana, é bem mais justo em relação a Rousseau, o espartano antigo sob vestes democráticas.
14 Consulte-se, especialmente, Derrida, *De la grammatologie* [Paris: Minuit] (1967) [Trad. bras.: *Gramatologia*. São Paulo: Perspectiva, 1973], particularmente em sua Parte 2 e *passim*.

políticos.[15] Isto, acrescenta, levou a uma grosseira negligência em relação à linguagem figurativa de Rousseau em favor de uma literalidade empobrecida.[16] O que quer que possa haver em seus argumentos, não fica evidente a partir da exposição de Paul de Man. Os escritos dos desconstrucionistas, com seu vocabulário esotérico e argumentação nebulosa, são fragorosamente incapazes de persuadir – ao menos a este leitor de Rousseau.

De modo totalmente diferente do de Cassirer, que tentou mapear as trilhas, frequentemente ínvias e tortuosas, concatenando todos os escritos de Rousseau, os desconstrucionistas, ao optarem por se expressar por meio da prosa mais altissonante que conseguem encontrar, tendem a descurar a substância do pensamento em prol da prática de jogos linguísticos. Não é necessário ser um filisteu para julgar que sentenças como a seguinte são totalmente falaciosas e desnecessariamente opacas: "Textos políticos e autobiográficos têm em comum o partilhar de momento de leitura referencial explicitamente inscrito no espectro de suas significações, não importando quão ilusório possa ser tal momento em seu modo ou conteúdo temático: o mortífero 'chifre do touro', a que Michel Leiris faz referência, num texto que é efetivamente tão político quanto autobiográfico."[17] Ou ainda, "O principal ponto da leitura [das *Confissões* de Rousseau] foi o de se mostrar que a dificuldade resultante é linguística em vez de ontológica ou hermenêutica. Como ficou claro a partir do episódio de Marion nas *Confissões*, a desconstrução dos padrões tropológicos de substituição (binários ou ternários) pode ser incluída nos discursos que deixam a pre-

---

15 Cf. Paul de Man, *Allegories of Reading: Figural Language in Rousseau, Nietzsche, Rilke, and Proust* (1979) [Trad. bras.: *Alegorias da Linguagem: a linguagem figurativa em Rousseau, Nietzsche, Rilke e Proust*. Rio de Janeiro: Imago, 1996], p.135.
16 Devo reconhecer que Paul de Man explicitamente rejeita a sugestão de que os leitores literais de Rousseau sejam movidos por "malícia deliberada que deva ser contraditada por uma contramalícia defensiva. O intérprete de Rousseau deve evitar o perigo de repetir as atitudes paranoides de seu objeto" (Ibidem, p.136).
17 Ibidem, p.278.

missa de inteligibilidade não apenas inquestionada, mas que a reforçam ao tornar o controle do deslocamento tropológico a tarefa mesma da intelecção."[18] O que quer que se possa acrescentar sobre tais afirmações, elas não visam, a meu ver, iluminar nenhum ângulo obscuro porventura ainda existente em Rousseau. Sob tais circunstâncias, a divisão de trabalho, deplorada por Paul de Man, entre historiadores e críticos literários leitores de Rousseau só pode ser louvada.

Para onde iremos a partir daqui? Há alguns anos, sugeri já haver chegado o momento para uma nova biografia de Rousseau. A vasta coleção de investigações respeitáveis a que fiz breve referência torna mais factível minha sugestão. E, com isso, será apropriado encerrar este rápido exame da literatura com uma nota inconclusiva. Não muito tempo atrás, Maurice Cranston lançou o primeiro tomo de uma biografia programada para dois volumes, onde faz uso de todos os estudos recentes e dos ainda não publicados tesouros dos arquivos de Genebra, Paris, Londres e Neuchâtel. Mesmo que o livro, claro e sensato, enseje bons augúrios, o verdadeiro teste recairá sobre o segundo volume. Isto porque será neste – a ser dedicado, nos diz Cranston, aos "anos de maior fama [de Rousseau] e a seu mais sofrido exílio, os anos que testemunharam a publicação do *Emílio*, do *Contrato social* e de *A Nova Heloísa*"[19] – que Cranston deverá se defrontar com as genuínas dificuldades do pensamento de Rousseau. Devemos esperar para ver. Pode-se apenas desejar que ele se recorde, para seu próprio proveito, das palavras finais do ensaio de Cassirer sobre Rousseau: "Ele jamais renunciou à ideia da verdade 'objetiva' e às exigências da moralidade 'obje-

---

18 Ibidem, p.300.
19 *Jean-Jacques: The Early Life and Work of Jean-Jacques Rousseau, 1712-1754* [Chicago: Chicago University Press] (1983), p.10. [O segundo volume de Cranston, *The Noble Savage: Jean-Jacques Rousseau, 1754-1762* (Chicago: Chicago University Press) foi lançado em 1991. Embora, como observa Gay, esta biografia intelectual tenha sido originalmente prevista para uma edição em dois volumes, um terceiro título, *The Solitary Self: Jean-Jacques Rousseau in Exile and Adversity* (Chicago: Chicago University Press), recentemente (1997), quatro anos após a morte de Cranston, fechou a série.]

tiva'. Precisamente por isso, ele fez de sua vida e de sua existência inteiramente pessoal o *organon* dessa ideia. Completamente voltado para si e de certo modo ensimesmado, ele avança, contudo, para problemas de alcance absolutamente universal – problemas que ainda hoje não perderam sua força e urgência e que sobreviverão por muito tempo à forma contingente, individual e temporalmente condicionada que Rousseau lhes deu".

ÍNDICE REMISSIVO

Absolutismo, 32, 53 ,75
amizade, Rousseau sobre a, 9, 43-5, 82-4
associações voluntárias, 32
autoconsciência/autoconhecimento, Rousseau sobre, 51-2, 106-7, 113
autoexperiência, 51-2
autoridade, Rousseau sobre a, 92

Babbitt, Irving, 14, 19 n.44, 20
Barker, Ernest, 13
Bernardin de Saint-Pierre, Jacques-Henri, 99
Blum, Carol, 129-30
Boileau, Nicolas, 82
Bossuet, Jacques, 75, 94
Bretonneau, Gisèle, 133
Burke, Edmund, 9
Byron, George Gordon, Lord, 19

calvinismo, 40
Cassirer, Ernst: sobre Rousseau, 8-9, 15, 16 n.36, 17, 19, 23, 126; metodologia de, 25-9; influência de, 29-31, 125-6; avaliação de sua crítica de Rousseau, 29-34 e *passim*
catolicismo, 40-1
civilização, Rousseau sobre, 23-5, 54-5, 57
Cobban, Alfred, 9 n.6, 12 n.22, 29 n.79
coletivismo *versus* individualismo em Rousseau, 10-5, 40, 52-3
Condillac, Etienne Bonnot de, 49, 107-8
Confissões, 17, 102, 126, 134; citações, 65, 79, 121
conhecimento, Rousseau sobre o, 57
Contrato social, 18, 20, 33 n.88 e 89, 64, 75, 135; citações, 32-3; críticas ao, 11-7 e *passim*, 22, 62; coletivismo do, 52-4;
lei no, 93-4, e o *Emílio*, 115
Contrato social, teoria do, 62
Cranston, Maurice, 135
Crocker, Lester, 132

D'Alembert, Jean Le Rond, 68, 70, 87, 108

deísmo, 40
De Maistre, conde Joseph-Marie, 9-10
De Man, Paul, 133-4
democracia, 31
Derathé, Robert, 28 n.75, 29-30, 125
Derrida, Jacques, 133
desconstrucionistas, 133-4
desigualdade, Rousseau sobre a, 22-3, 31-3
Deus, Rousseau sobre, 23, 25
Diderot, Denis; 44, 49-50, 60, 67, 70; sobre Richardson, 87; sobre Rousseau, 88; e a ética, 96-9
Dilthey, Wilhelm, 26 n.69
Discursos, 15-6, 23
"Discours sur l'économie politique", 59
Discours sur les sciences et les arts (Primeiro Discurso), 50 n.11, 57 n.26
Discurso sobre a origem e os fundamentos da desigualdade, 28, 47-8, 79; críticas ao, 11, 14, 22, 91; visão da natureza humana no, 51-2, 64; individualismo no, 51-2; depravação do homem pensante no, 57
dissensão, Rousseau sobre, 32
Duffy, Edward, 129-30

educação, Rousseau sobre a, 22, 24-5, 61-3, 112-8 *passim*
Emílio, 17, 20, 32, 61, 70-3; críticas ao, 11, 21-3, 87; influência de Condillac sobre o, 108; e a religião, 112; sobre a educação, 112-7 e *passim*; dificuldades apresentadas pelo, 113-5.
Consulte-se também "Profissão de fé do vigário de Saboia"
enciclopedistas; 60, 65-8, 96-7, 99; e Rousseau, 20, 41, 72, 88-9, 101, 103, 109

epistemologia de Rousseau, 107-8, 112-3
escravidão, 75
Estado, Rousseau sobre o; 52-3, 55-6, 60-1; e indivíduo, 55-6; e a eliminação da desigualdade, 59-60; e educação, 61-3; e vontade, 62-3; propósito do, 62-4; imperativo ético do, 65-6; teoria patriarcal do, 94-5
estado natural, 51, 53, 56, 76, 97-8
ética de Rousseau, 40, 91-8, *passim*, 102-5
eudemonismo, 66, 69

Faguet, Emile, 11, 13, 54
família, Rousseau sobre a, 94-6
felicidade, Rousseau sobre a, 109-11
Filmer, Robert, 94
filosofia contemporânea, crítica de Rousseau à, 46-7
filósofos, 41
Fontenelle, Bernard, 82
formas e Rousseau, 38
Fouillée, Alfred, 18

Genebra e Rousseau, 33 n.89
Genieperiode, 58
Goethe, Johann von, 86
Considerações sobre o governo da Polônia, 15, 33 n.88
Grimsley, Ronald, 128
Grotius, Hugo, 30, 75, 97, 99
Guéhenno, Jean, 126

Hearnshaw, F. J. C., 20
Helvétius, Claude Adrien, 96
Hendel, Charles W., 15, 29, 125
Hobbes, Thomas, 30, 97, 99, 102
Holbach, barão P. H. D., 67-8, 72
Hölderlin, Friedrich, 10
homem pensante, depravação do, 56-8

homem natural, 22, 24-5, 97-8
Homme artificiel, 51
Homme naturel, 51. Consulte-se homem natural
Hubert, René, 39
Huizinga, J. H., 133 n.13
Hume, David, 17, 96
Hutcheson, Francis, 96

idées-forces, 18
Iluminismo, e Rousseau, 41, 87-8
imortalidade, Rousseau sobre a, 69-70
indivíduo e sociedade, 55-6, 117-8
individualismo *versus* coletivismo em Rousseau, 10-6, *passim*, 40, 52-3
intuição e ética, 102-5
irracionalismo e Rousseau, 41

jacobinos, 9

Kant, Immanuel; sobreRousseau, 25 n.64, 26

La Motte-Houdar, Antoine, 82
Lanson, Gustave, 8 n.4, 21-2
Lei, Rousseau sobre, 24-5, 101-2; e liberdade, 55-9, *passim*, 61-2, 92-4, 103; exceções à, 59, 75, 93-4; e vontade, 62-3
lei natural, escola da, 75
Leibniz, Gottfried Wilhelm, 107
Leigh, Ralph A., 128
Leiris, Michel, 134
Lessing, Gotthold Ephraim, 91, 113
Lettres écrites de la montagne [Cartas escritas da montanha], 15
Levasseur, Thérèse, 21
liberdade, 24-6, 32, 54-5; e submissão à lei, 29-39, 31-2, 53-9, *passim*, 103-4; e autoridade, 94-5; e o conflito razão *versus* natureza, 95, 100-1; aquisição da, 100-1; e religião, 43-5, 82-4

Locke, John, 15, 30

Maine, Henri, 9
mal, 32, 55, 69-75 *passim*
Malesherbes, cartas a, 47-8, 84-8
Masson, Pierre-Maurice, 39-40
Merquior, J. G., 129
misantropia de Rousseau, 43-6
Montesquieu, Charles-Louis de Secondat de, 15, 36
moralidade, *veja-se* ética de Rousseau
Morus, Thomas, 60
Morley, John, 14, 54

"Natural", Rousseau sobre o, 16 n.36, 24
naturalismo e Rousseau, 103-4
natureza e Rousseau, 82-3, 85, 99-102, 119; e perfectibilidade, 100-1
natureza humana, Rousseau sobre a, 27-8, 50-1, 54-5, 64-5; bondade original da, 31-2, 71-4, 100-1; fontes de nosso conhecimento da, 51-2; irreversibilidade da, 54-5, 100-1; e o mal, 71-4
Nova Heloísa, 17; críticas a, 22-3; citações, 44, 89-90; influência da, 83-4, 85-7; razão e sentimento em, 90-1; sobre a família, 95

Paris, reação de Rousseau a, 42-6
pecado original e Rousseau, 100
perfectibilidade (humana), 76, 100-1
personalidade, Rousseau sobre a, 110-3
Peyre, Henri, 18, 31 n.84
Platão, 15
pobreza, Rousseau sobre a, 60-2
poesia, pré-Rousseau, 81-2; influência de Rousseau sobre a, 82-7

política, teoria; críticas à teoria política de Rousseau, 5-17, *passim*, 25-9; influência da teoria política rousseauniana, 31-3
Popper, *sir* Karl, 12
positivismo, 108
primitivismo, 50, 56
"Profissão de fé do vigário de Saboia" (in *Emílio*), 40, 107, 113; citado, 104-7, *passim*, 118
propriedade, Rousseau sobre a, 60
protestantismo e Rousseau, 111-2
Pufendorf, Samuel von, 30, 97

racionalismo e Rousseau, 41
razão, Rousseau sobre a, 24-5, 30, 40, 70-80; *versus* sentimento em Rousseau, 81, 90, 95, 102, 105-7
regulação, reação de Rousseau à, 42-4
religião: natural, 24-5; civil, 32; e Rousseau, 40-1, 69, 71-3; Rousseau sobre a, 53-4, 109-14
Richardson, Samuel, 87
romantismo, 9, 85-6
Rosenkranz, Karl, 40, 92-4
Rousseau, Jean-Jacques: unidade de sua obra, 7, 21-5, 31, 53, 117-8, 120; críticas a, 7-25, e *passim*, 29-30, 39-40, 55; supostas autocontradições de, 8, 10-6, e *passim*, 51-4; influência de, 8, 81-6, 89, 91-2; edições dos trabalhos de, 10, 16-8, 127; fontes para o mau entendimento de, 17-21; abordagem biográfica de, 19-21, 26-7, 33 n.88 e 89, 41-2; e certeza setecentista, 38; relevância para o século XX, 38-9, 74, 128-9; origens do pensamento de, 41-2, 47-9, 64, 82-3, 102-3; radicalismo de, 68-9; otimismo de, 76, 79-80; e contemporâneos, 87-9; vida *versus* doutrinas, 91-2 ; estilo de escrita, 120-1; psicanálise de, 131-2. *Consultem-se também os temas nomeados.*
Rousseau juge de Jean-Jacques, 22, 43, 54; citações, 52, 54, 83

Schiller, J. C. F. von, 9, 24 n.62
Schinz, Albert, 39, 109-10
Sée, Henri, 11
sensibilidade, e Rousseau, 85-6
sentimentalidade de Rousseau, natureza da, 90-1, 104-6
Sentiment, uso de Rousseau do termo, 105
sentimento moral, teoria do, 96-7
sentimentos, Rousseau sobre os, 81, 89-90, 95-6, 101-7 *passim*
Shaftesbury, Anthony Ashley, 96, 99-100
Smith, Adam, 96
sociedade, natural, 24-5; agente da salvação da humanidade, 31; crítica de Rousseau à, 41-7, 68-9, 116-7; planos de Rousseau para a reforma da sociedade, 52-5, 57-8, 63-4, 74; relação do indivíduo com a, 55-6; como fonte do mal, 73, 75; rebelião de Rousseau contra a, 91-2;
Rousseau sobre as origens da, 98; Rousseau sobre a sociedade primitiva, 99
Starobinski, Jean, 126-8
Sturm und Drang, movimento, 10, 58, 86

Taine, H. A., 12-3, 16 n.35, 53
Teodicéia, Rousseau sobre a, 20, 70-5 *passim*
totalitarismo, 13. *Consulte-se também* Absolutismo.

universal, o, 117

utilitarismo, 69, 103

Vaughan, C. E., 14-7
Verstehen, 26-7
volonté de tous, 62
volonté générale, 32-3, 53, 55, 62, 75

Voltaire, François-Marie Arouet, 66-7, 69-70, 76-9, 81
vontade, Rousseau sobre a, 62-3, 100-1, 108-9

Wokler, Robert, 129-30
Wright, E. H., 16 n.36, 21-2, 24-5

SOBRE O LIVRO

Coleção: Biblioteca Básica
Formato: 14 x 21 cm
Mancha: 23 x 43 paicas
Tipografia: Goudy Old Style 11/13
Papel: Pólen 80 g/m^2 (miolo)
Cartão Supremo 250 g/m^2 (capa)
1ª *edição*: 1999

EQUIPE DE REALIZAÇÃO

Produção Gráfica
Edson Francisco dos Santos (Assistente)

Edição de Texto
Fábio Gonçalves (Assistente Editorial)
Isabel Maria Loureiro (Preparação de Original)
Nelson Luís Barbosa e
Teca Guilares (Revisão)
Kalima Editores (Atualização ortográfica)

Editoração Eletrônica
Lourdes Guacira da Silva Simonelli (Supervisão)
Edmílson Gonçalves (Diagramação)

Impressão e acabamento

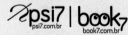